Gakken

THE
LOOSE-LEAF
STUDY GUIDE
3
FOR JHS STUDENTS

ルーズリーフ参考書
中3 5教科
改訂版

中学3年生の5教科をまとめて整理する
ルーズリーフ

5教科
5 SUBJECTS

本書の使い方 HOW TO USE THIS BOOK

ルーズリーフ参考書は，すべてのページを自由に入れ替えて使うことができます。

ノートやバインダーに差し込んで，
勉強したい範囲だけを取り出したり，自分の教科書や授業の順番に入れ替えたり……。
自分の使っているルーズリーフと組み合わせるのもおすすめです。
あなたがいちばん使いやすいカタチにカスタマイズしましょう。

各単元の重要なところが，一枚にぎゅっとまとまっています。

STEP 1 空欄に用語や数・式を書き込む

あっという間に要点まとめが完成！

➡ 予習型
　授業の前に教科書を読みながら穴埋め

➡ 復習型
　授業を思い出して穴埋め

➡ スピードチェック型
　テスト直前に実力を確認！

＊解答は各教科のおわりにあります。

STEP 2 何度も読み返して覚える

余白に補足情報を書き足そう。
└ 授業中の先生の話や，ゴロ合わせなど。

アイコン… ⚠ 注意　⧉ 重要　◎ 資料

覚えたところや苦手なところをチェックして，
効率よく確認していきましょう。

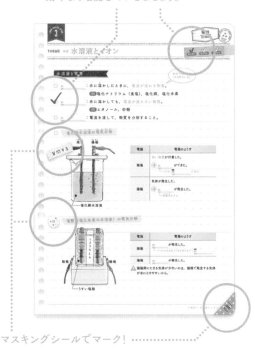

マスキングシールでマーク！

ルーズリーフのはがし方 HOW TO DETACH A SHEET　注意 ATTENTION

01 最初にリボンを取りはずしてください。
（カバーをはずしてシールをはがすか，はさみで切ってください）

02 はがしたいページをよく開いた状態で，
一枚ずつ端からゆっくりはがしてください。

力を入れて勢いよくひっぱったり，
一度にたくさんのページをはがしたりすると，
穴がちぎれてしまうおそれがあります。

01

02

THE LOOSE-LEAF STUDY GUIDE 3 FOR JHS STUDENTS

ルーズリーフ参考書 中3 5教科
改訂版

THE
LOOSE-LEAF
STUDY GUIDE
3
FOR JHS STUDENTS

ルーズリーフ参考書
中3 5教科
改訂版

協力 コクヨ株式会社

編集協力 金子哲, 杉本丈典, 東正道, 八木佳子, 長谷川健勇, 坪井俊弘

カバー・本文デザイン LYCANTHROPE Design Lab. [武本勝利, 峠之内綾]

シールデザイン sandesign 吉本桂子

イラスト キリ, MIWA★, 陽菜ひよ子, 根津あやぼ, ヤマサキミノリ, タカオエリ

DTP (株)四国写研

図版 ゼムスタジオ, (有)アズ

写真提供 写真そばに記載, 記載のないものは編集部

時 間 割

学校の時間割や塾の予定などを書き込みましょう。

		月	火	水	木	金	土
登校前							
1							
2							
3							
4							
5							
6							
放課後	夕食前						
	夕食後						

年間予定表

定期テストや学校行事などのほか、個人的な予定も書き込んでみましょう。

4月	
5月	
6月	
7月	
8月	
9月	
10月	
11月	
12月	
1月	
2月	
3月	

1年間の目標　主に勉強に関する目標を立てましょう。

テストによく出る重要動詞

超重要な項目をコンパクトにまとめました。目立つところに入れたり貼ったりして，いつでも確認できるようにしましょう。

不規則動詞の変化　不規則に変化する動詞はまとめて覚える

	原形	現在形	過去形	過去分詞	ing形
☐	become（〜になる）	become(s)	became	become	becoming
☐	bring（持ってくる）	bring(s)	brought	brought	bringing
☐	build（建てる）	build(s)	built	built	building
☐	catch（捕まえる）	catch(es)	caught	caught	catching
☐	choose（選ぶ）	choose(s)	chose	chosen	choosing
☐	cut（切る）	cut(s)	cut	cut	cutting
☐	draw（描く）	draw(s)	drew	drawn	drawing
☐	drink（飲む）	drink(s)	drank	drunk	drinking
☐	fall（落ちる）	fall(s)	fell	fallen	falling
☐	feel（感じる）	feel(s)	felt	felt	feeling
☐	find（見つける）	find(s)	found	found	finding
☐	fly（飛ぶ）	fly, flies	flew	flown	flying
☐	forget（忘れる）	forget(s)	forgot	forgot, forgotten	forgetting
☐	grow（育つ，育てる）	grow(s)	grew	grown	growing
☐	hit（うつ）	hit(s)	hit	hit	hitting
☐	hold（持つ）	hold(s)	held	held	holding
☐	keep（保つ）	keep(s)	kept	kept	keeping
☐	lose（失う，負ける）	lose(s)	lost	lost	losing
☐	meet（会う）	meet(s)	met	met	meeting
☐	put（置く）	put(s)	put	put	putting
☐	show（見せる）	show(s)	showed	shown	showing
☐	sleep（眠る）	sleep(s)	slept	slept	sleeping
☐	spend（過ごす，費やす）	spend(s)	spent	spent	spending
☐	spread（広がる）	spread(s)	spread	spread	spreading
☐	throw（投げる）	throw(s)	threw	thrown	throwing
☐	win（勝つ）	win(s)	won	won	winning

超キホン動詞の意味と使い方のまとめ ▶ 多くの意味があるので，中心となる意味を覚える

動詞	意 味	例 文
☐ have	～を持っている	I have an umbrella.（私はかさを持っています。）
		Do you have any sisters?（あなたには姉妹がいますか。）
		I have a good idea.（私にはいい考えがあります。）
		An hour has sixty minutes.（1時間は60分あります。）
	～を食べる，飲む	I have breakfast at seven.（私は7時に朝食を食べます。）
	（会など）を開く	We had a party yesterday.（私たちは昨日パーティーを開きました。）
	～(な時)を過ごす	Have a nice holiday.（いい休日を過ごしてください。）
	～を経験する	He had an accident last week.（彼は先週事故にあいました。）
☐ get	～を手に入れる	I got a present from Jim.（私はジムからプレゼントをもらいました。）
		Did you get a map of this city?（この市の地図を入手しましたか。）
	（ある状態）になる	It will get dark outside soon.（外はもうすぐ暗くなります。）
	（～に）着く	I got to the station at three.（私は3時に駅へ着きました。）
	～を持ってくる	I'll get you a glass of water.（あなたに水を1ぱい持ってきましょう。）
	～を買う	She got a new bag.（彼女は新しいかばんを買いました。）
☐ take	～を取る	He took my hand.（彼は私の手を取りました。）
		I'll take this one.（〈買い物で〉これをいただきます。）
	～を持っていく，連れていく	Take an umbrella with you.（かさを持っていきなさい。）
		I took her to the gym.（私は彼女を体育館へ連れていきました。）
	（乗り物）に乗る	We took a bus to the station.（私たちは駅までバスに乗りました。）
	（写真）を撮る	Can I take pictures here?（ここで写真を撮ってもいいですか。）
	（ある行動）をする	I take a bath around nine.（私は9時ごろお風呂に入ります。）
	（時間が）かかる	It takes an hour to get there.（そこへ着くのに1時間かかります。）
☐ make	～を作る	I'm going to make lunch today.（私は今日，昼食を作ります。）
		He made a lot of friends.（彼はたくさんの友達ができました。）
	A を B（の状態）にする	The letter made me happy.（その手紙は私を幸せにしました。）
	（ある行為）をする	He made a speech in class.（彼は授業でスピーチをしました。）

いつでもチェック！
暗記シート

中3数学の超キホン事項

超重要な項目をコンパクトにまとめました。目立つところに入れたり貼ったりして，いつでも確認できるようにしましょう。

多項式の計算 ▶ 乗法公式を使いこなそう

□ 単項式 × 多項式

分配法則
$a(b+c)=ab+ac$

例 $3a(2a+5b)$

$=3a×2a+3a×5b$

$=6a^2+15ab$

□ 多項式 ÷ 単項式

わる式を逆数にして
かける。

例 $(6x^2y+8xy^2)÷2xy$

$=(6x^2y+8xy^2)×\dfrac{1}{2xy}$

$=3x+4y$

□ 乗法公式と因数分解

→→→ 乗法公式 →→→

$(x+a)(x+b)=x^2+(a+b)x+ab$

$(x+a)^2=x^2+2ax+a^2$

$(x-a)^2=x^2-2ax+a^2$

$(x+a)(x-a)=x^2-a^2$

←←← 因数分解 ←←←

平方根 ▶ 平方根の変形がポイント

□ 平方根の変形

$\sqrt{a^2b}=a\sqrt{b}$

例 $\sqrt{18}=\sqrt{3^2×2}=3\sqrt{2}$

$2\sqrt{5}=\sqrt{2^2×5}=\sqrt{20}$

□ 分母の有理化

$\dfrac{a}{\sqrt{b}}=\dfrac{a×\sqrt{b}}{\sqrt{b}×\sqrt{b}}=\dfrac{a\sqrt{b}}{b}$

例 $\dfrac{4}{\sqrt{3}}=\dfrac{4×\sqrt{3}}{\sqrt{3}×\sqrt{3}}=\dfrac{4\sqrt{3}}{3}$

□ 平方根の乗除

$\sqrt{a}×\sqrt{b}=\sqrt{ab}$ 例 $\sqrt{2}×\sqrt{7}=\sqrt{2×7}=\sqrt{14}$

$\sqrt{a}÷\sqrt{b}=\sqrt{\dfrac{a}{b}}$ $\sqrt{15}÷\sqrt{5}=\sqrt{\dfrac{15}{5}}=\sqrt{3}$

2次方程式 ▶ 方程式の形を見て解き方を決めよう

□ 因数分解を利用

$(x-a)(x-b)=0$ 例 $x^2-7x+10=0$

ならば， $(x-2)(x-5)=0$

$x=a,\ x=b$ $x=2,\ x=5$

□ 解の公式

$ax^2+bx+c=0$ の解 例 $x^2+3x-2=0$

$x=\dfrac{-b±\sqrt{b^2-4ac}}{2a}$ $x=\dfrac{-3±\sqrt{3^2-4×1×(-2)}}{2×1}$

$=\dfrac{-3±\sqrt{17}}{2}$

関数 $y=ax^2$ ▶ 放物線の特徴を覚えよう

□ 2乗に比例する関数

式 → $y=ax^2$ $(a≠0)$

グラフ → 原点を頂点とし，y 軸について対称な放物線。

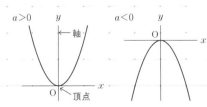

□ 変化の割合

変化の割合 $=\dfrac{y \text{ の増加量}}{x \text{ の増加量}}$

例 $y=x^2$ で，x が 1 から 3 まで増加するとき，

変化の割合は，$\dfrac{3^2-1^2}{3-1}=\dfrac{8}{2}=4$

関数 $y=ax^2$ の変化の割合
は一定でない。

相似な図形 ▶ 対応する辺をまちがえないように

☐ 三角形の相似条件

❶ 3 組の辺の比がすべて等しい。

❷ 2 組の辺の比とその間の角がそれぞれ等しい。

❸ 2 組の角がそれぞれ等しい。

☐ 相似な図形の比

相似比が $m:n$ → 面積の比は $m^2:n^2$

☐ 相似な立体の比

相似比が $m:n$ → 体積の比は $m^3:n^3$

→ 表面積の比は $m^2:n^2$

☐ 三角形と比

DE∥BC ならば,

❶ AD：AB＝AE：AC

＝DE：BC

❷ AD：DB＝AE：EC

☐ 中点連結定理

MN∥BC

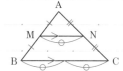

$MN = \dfrac{1}{2} BC$

円周角の定理 ▶ 等しい角に同じ印をつけよう

円周角の定理	半円の弧と円周角	円周角の定理の逆	円の接線
☐	☐	☐	☐
$\angle P = \angle Q = \dfrac{1}{2} \angle AOB$	$\angle APB = 90°$	$\angle P = \angle Q$ ならば, 4 点 A，B，P，Q は 1 つの円周上にある。	$PA = PB$

三平方の定理 ▶ 図の中に直角三角形を見つけよう

三平方の定理	2 点間の距離	直方体の対角線	円錐の高さ
☐	☐	☐	☐
$a^2 + b^2 = c^2$	$AB = \sqrt{(x_2 - x_1)^2 + (y_2 - y_1)^2}$	$\ell = \sqrt{a^2 + b^2 + c^2}$	$h = \sqrt{\ell^2 - r^2}$

いつでもチェック！
重要シート

中3理科の超キホン事項

超重要な項目をコンパクトにまとめました。目立つところに入れたり貼ったりして、いつでも確認できるようにしましょう。

遺伝の規則性 ▶ 計算も問われる！

☐ **分離の法則**：生殖細胞ができるとき対になっている遺伝子が、減数分裂によって、2つに分かれて別々の生殖細胞に入ること。

運動とエネルギー ▶ 言葉の意味もおさえよう

力と運動

☐ **物体の運動**
運動の向きに一定の
力がはたらき続ける
と、物体の速さは
一定の割合で大きくなる。

☐ **作用と反作用の関係**
①大きさが等しい。
②向きが逆向き。
③一直線上にある。

> ⚠ 『つり合う2力』は1つの物体にはたらき、『作用・反作用』は2つの物体間で対になってはたらく。

☐ **慣性の法則**：物体に力がはたらかないときや、はたらいている力がつり合っているとき、静止している物体は静止を続け、運動している物体は等速直線運動を続ける。

☐ 速さ〔m/s〕＝ $\dfrac{\text{物体が移動した距離〔m〕}}{\text{移動にかかった時間〔s〕}}$

エネルギー

☐ **力学的エネルギーの保存**：位置エネルギーと運動エネルギーはたがいに移り変わるが、その和（力学的エネルギー）は一定に保たれる。

仕事

☐ 仕事〔J〕＝力の大きさ〔N〕×力の向きに動かした距離〔m〕

☐ 仕事率〔W〕＝ $\dfrac{\text{仕事〔J〕}}{\text{仕事にかかった時間〔s〕}}$

地球と宇宙 ▶ まぎらわしい事象に要注意！

> 同じ時刻に見える星の位置は、東から西へ1日に約1°ずつ動く。

☐ **太陽と星の日周運動**：東から西へ1日に1回転。1時間に15°動く。

☐ **太陽の南中高度**：春分・秋分の南中高度＝90°－その地点の緯度
夏至の南中高度＝90°－（その地点の緯度－23.4°）
冬至の南中高度＝90°－（その地点の緯度＋23.4°）

おもなイオン式・電離式・化学反応式 ▷ キホンはしっかり覚えよう！

イオン式							
	☐ 水素イオン	H^+	☐ 亜鉛イオン	Zn^{2+}	☐ 水酸化物イオン	OH^-
	☐ ナトリウムイオン	Na^+	☐ マグネシウムイオン	Mg^{2+}	☐ 炭酸イオン	CO_3^{2-}
	☐ カリウムイオン	K^+	☐ アンモニウムイオン	NH_4^+	☐ 硫酸イオン	SO_4^{2-}
	☐ 銅イオン	Cu^{2+}	☐ 塩化物イオン	Cl^-	☐ 硝酸イオン	NO_3^-

酸の電離

☐ 塩酸（塩化水素）の電離

$$HCl \longrightarrow H^+ + Cl^-$$
塩酸　　　　水素イオン　塩化物イオン

☐ 硫酸の電離

$$H_2SO_4 \longrightarrow 2H^+ + SO_4^{2-}$$
硫酸　　　　水素イオン　硫酸イオン

アルカリの電離

☐ 水酸化ナトリウムの電離

$$NaOH \longrightarrow Na^+ + OH^-$$
水酸化ナトリウム　　ナトリウムイオン　水酸化物イオン

☐ 水酸化バリウムの電離

$$Ba(OH)_2 \longrightarrow Ba^{2+} + 2OH^-$$
水酸化バリウム　　　バリウムイオン　水酸化物イオン

中和

☐ 塩酸（酸）と水酸化ナトリウム水溶液（アルカリ）の中和

$$HCl + NaOH \longrightarrow NaCl + H_2O$$
塩酸　　　水酸化ナトリウム　　塩化ナトリウム　　水

おもな試薬・指示薬 ▷ テストにもよく出る！

試薬・指示薬	目的	試薬・指示薬の変化
☐ 石灰水	二酸化炭素の検出	二酸化炭素を通すと，白くにごる。
☐ 塩化コバルト紙	水の検出	水にふれると，青色からうすい赤（桃）色に変化する。
☐ リトマス紙	酸・アルカリの検出	・赤色リトマス紙：アルカリ性で青色に変化する。 ・青色リトマス紙：酸性で赤色に変化する。
☐ BTB溶液	酸・アルカリの検出	酸性で黄色，中性で緑色，アルカリ性で青色を示す。
☐ フェノールフタレイン溶液	アルカリの検出	アルカリ性で赤色を示す。酸性，中性では無色。
☐ ヨウ素液	デンプンの検出	デンプンがあると，青紫色に変化する。
☐ 酢酸カーミン	核の染色	細胞中の核や染色体を赤く染める。酢酸オルセインも同様のはたらきをする。
☐ ベネジクト液	糖の検出	試験液に加えて加熱すると，糖を含んでいれば赤褐色を示す。しばらく放置すると，赤褐色の沈殿ができる。（糖の量によっては，黄色〜オレンジ色を示すことがある。）

いつでもチェック！ 重要シート

歴史・公民の超キホン事項

超重要な項目をコンパクトにまとめました。目立つところに入れたり貼ったりして，いつでも確認できるようにしましょう。

各時代の超重要事項 ▸ 各時代の本当に大切なところだけ押さえよう。

大正時代

- ☐ 1914 年，第一次世界大戦（〜 18 年）

  日本は日英同盟を理由に
  連合国側で参戦
- ☐ 1917 年，ロシア革命
- ☐ 1918 年，米騒動
  - ➡ 原敬による本格的政党内閣成立
- ☐ 1925 年，治安維持法，普通選挙法

昭和時代（第二次世界大戦終結まで）

- ☐ 1929 年，世界恐慌
- ☐ 1931 年，満州事変
- ☐ 1937 年，日中戦争（〜 45 年）
- ☐ 1939 年，第二次世界大戦（〜 45 年）
- ☐ 1941 年，太平洋戦争（〜 45 年）
- ☐ 1945 年，ポツダム宣言を受諾

昭和時代（第二次世界大戦後）〜

- ☐ 戦後の民主化：財閥解体，農地改革，日本国憲法の公布
- ☐ 1951 年，サンフランシスコ平和条約 ➡ 翌年独立回復
- ☐ 高度経済成長 ➡ 石油危機（1973 年）で終わる
- ☐ 冷戦終結宣言 ➡ 1990 年，東西ドイツ統一 ➡ 1991 年，ソ連解体
  1989 年。

1989 年，ベルリンの壁が取り壊された！

（Woodfin Camp ／ PPS通信社）

公民でよく出る 数値 ▸ まちがえやすい数値を，まとめて覚えよう。

☐ 3分の1以上	・地方議会の解散や首長の解職請求に必要な署名数。 ・国会の本会議の定足数。
☐ 50分の1以上	条例の制定・改廃請求や監査請求に必要な署名数。
☐ 過半数	・憲法改正の国民投票で，承認を得るために必要な有権者の賛成数。 ・国務大臣のうち，国会議員から選ばれる数。
☐ 満 25 歳以上	衆議院議員，地方議会議員，市（区）町村長の被選挙権。
☐ 満 30 歳以上	参議院議員，都道府県知事の被選挙権。
☐ 4 年	衆議院議員，地方議会議員，都道府県知事，市（区）町村長の任期。
☐ 6 年	参議院議員の任期。

よく出る　憲法の条文　問われやすい条文を確実にマスターしよう。

☐ 第9条　　戦争の放棄

①日本国民は，…国権の発動たる戦争と，武力による威嚇又は武力の行使は，

…永久にこれを放棄する。

②…陸海空軍その他の戦力は，これを保持しない。国の交戦権は，これを認め

ない。

☐ 第12条　　基本的人権の濫用禁止

この憲法が国民に保障する自由及び権利は，…国民は，これを濫用してはなら

ないのであって，常に公共の福祉のためにこれを利用する責任を負ふ。

☐ 第25条　　生存権の保障

①すべて国民は，健康で文化的な最低限度の生活を営む権利を有する。

まちがえやすい　アルファベット略称　アルファベットの略称はミスしやすい項目。ジャンルごとに覚えて，何度も確認しよう。

国連機関（活動）
☐ UNICEF　（国連児童基金）
☐ UNESCO　（国連教育科学文化機関）
☐ PKO　（平和維持活動）

地域機構
☐ EU　（ヨーロッパ連合）
☐ APEC　（アジア太平洋経済協力会議）
☐ ASEAN　（東南アジア諸国連合）

その他
☐ GDP　（国内総生産）
☐ ODA　（政府開発援助）
☐ NGO　（非政府組織）
☐ NPO　（非営利組織）

税金の種類　違いをしっかり把握しよう。

☐ 直接税	税を納める人と負担する人が同じ税金。
☐ 間接税	税を納める人と負担する人が異なる税金。
☐ 国税	国に納める税金。（例：所得税，消費税など。）
☐ 地方税	地方公共団体に納める税金。（例：自動車税，固定資産税など。）

テストによく出る慣用句・ことわざ

超重要な項目をコンパクトにまとめました。目立つところに入れたり貼ったりして、いつでも確認できるようにしましょう。

▶体の慣用句　特別な意味を持つ言葉

☐	足が棒になる	疲れて足がこわばる。
☐	足もとを見る	弱点を見すかして、弱みにつけこむ。
☐	顔が広い	知り合いが多い様子。
☐	顔から火が出る	たいへん恥ずかしくて顔が赤くなる。
☐	首を長くする	今か今かと待ち望む。
☐	腰が低い	いばらないで、へりくだる様子。
☐	舌を巻く	驚き、感心する。
☐	手に余る	自分の能力では処理できない。
☐	手を焼く	持て余す。
☐	鼻が高い	得意な様子。自慢げである様子。
☐	鼻であしらう	相手を馬鹿にして、冷たく扱う。
☐	歯に衣着せぬ	遠慮せずに率直に言うこと。
☐	耳が痛い	弱点を言われて聞くのがつらい。
☐	耳を疑う	聞いたことが信じられない。
☐	目をつぶる	あやまちなどに気づかないふりをする。

▶動物の慣用句　動物の特徴に注目

☐	馬が合う	互いに気が合う。
☐	すずめの涙	非常に少ししかないこと。
☐	猫の手を借りたい	誰でもいいから手伝いがほしいほど忙しい。
☐	猫の額	土地が非常に狭い。
☐	猫をかぶる	本来の性質を隠し、おとなしそうに見せかける。
☐	虫が好かない	何となく気に入らない。

▶その他の慣用句

☐	油を売る	無駄話などで時間をつぶして怠ける。
☐	息を呑む	驚いて思わず息を止める。
☐	釘を刺す	後で問題にならないように前もって念を押す。
☐	さじを投げる	見込みがないと諦める。
☐	しびれを切らす	待ちくたびれてがまんできなくなる。
☐	二の足を踏む	どうしようかと、行動をためらう。

ことわざ

昔から言い伝えられてきた教訓をおぼえる

☐ 青菜に塩	急に元気をなくして沈んでいる様子。	☐ 背に腹はかえられぬ	さし迫った危機を切り抜けるためには、少々の犠牲はしかたがない。
☐ 雨降って地固まる	もめごとの後、かえって事態が安定する。	☐ どんぐりの背比べ	似たり寄ったりで、平凡なものばかりであること。
☐ 石橋を叩いて渡る	非常に用心深く行動する。	☐ 泣き面に蜂	不幸・不運の上に、さらに良くないことが重なること。
☐ 魚心あれば水心あり	相手が好意をもてば、こちらも好意をもつようになる。	☐ 情けは人のためならず	人にかけた情けは、いつか自分に返ってくる。
☐ 帯に短し襷に長し	中途半端で役に立たない。	☐ 二階から目薬	効き目がないこと。回りくどいこと。
☐ 風が吹けば桶屋がもうかる	一見何の関係もないようなことがつながって、思わぬ結果が生じる。	☐ 二兎を追う者は一兎をも得ず	同時に二つのものを得ようとすると、一つも得ることができない。
☐ 果報は寝て待て	幸運は人の力でどうにかすることはできないから、あせらずに、運が向くのを待つのが良い。	☐ ぬかに釘	何の手ごたえもなく、効き目がないこと。
		☐ ぬれ手で粟	苦労しないで利益を得ること。
☐ 怪我の功名	失敗が思いがけなく良い結果を生むこと。	☐ 猫に小判	価値のあるものでも、持つ人によっては何の役にも立たないこと。
☐ 弘法にも筆の誤り	名人といわれる人でも、時に失敗する。	☐ 百聞は一見にしかず	話を何度も聞くより、一度実際に見るほうがよくわかる。
☐ 三人寄れば文殊の知恵	一人では難しいことでも、みんなで話し合えばよい考えが浮かぶものだ。	☐ 身から出た錆	自分自身のした悪い行いの報いとして、苦しみにあうこと。
☐ 白羽の矢が立つ	多くの人の中から、特に選び出される。	☐ 焼け石に水	努力や援助がわずかで、効き目がないこと。

THE
LOOSE-LEAF
STUDY GUIDE
3
FOR JHS STUDENTS

中3
英語
ENGLISH

A LOOSE-LEAF COLLECTION
FOR A COMPLETE REVIEW OF ALL 5 SUBJECTS
GAKKEN PLUS

学習内容

学習項目	学習日	テスト日程
1　受け身		
2　現在完了形（経験・完了）		
3　現在完了形（継続）/ 現在完了進行形		
4　不定詞のいろいろな文		
5　疑問詞＋ to 〜 / 間接疑問文		
6　S＋V＋O＋C / S＋V＋O＋動詞の原形		
7　名詞を後ろから修飾する語句		
8　関係代名詞 ①		
9　関係代名詞 ②		
10　仮定法		

TO DO LIST

やることをリストにしよう！ 重要度を☆で示し，できたら□に印をつけよう。

□ ☆☆☆　　　　　　　　　□ ☆☆☆

□ ☆☆☆　　　　　　　　　□ ☆☆☆

□ ☆☆☆　　　　　　　　　□ ☆☆☆

□ ☆☆☆　　　　　　　　　□ ☆☆☆

THEME 受け身

まだまだ　そう少し　ばっちり

受け身(受動態)とは

☐ 受け身(受動態)は，動作を受けるものを主語にして，「～される」という意味を表す。

☐ ふつうの文：「～する」

He uses this car every day.

(彼は毎日この車を使います。)

☐ 受け身の文：「～される」

This car is used every day.

(この車は毎日使われます。)

➡ 車を使う「he(人)」が主語。

➡ 使われる「this car(もの)」が主語。

受け身の文の形

☐ 「～される」は，〈be動詞＋過去分詞〉で表す。

過去分詞は動詞の変化形のひとつ。

be動詞は，主語の人称と数，
現在・過去かによって使い分ける。

　例　This room is cleaned every day. (この部屋は毎日そうじされます。)

　　　　　　　be動詞　過去分詞

☐ 「過去分詞」は動詞が変化した形のひとつで，規則変化の動詞の過去分詞は「過去形」と同じ形。不規則に変化するものもあるので注意が必要。(→ p.7)

☐ be動詞の使い分け　 左側に現在形，右側に過去形を書こう！

主　語	be動詞(現在 / 過去)	過去分詞
I	01　　　　　／	～ed など
He / She など	02　　　　　／	
You や複数	03　　　　　／	

☐ 動詞の過去分詞

原　形	過去分詞
clean (そうじする)	04
make (作る)	05
write (書く)	06
speak (話す)	07

単語 CHECK　新出単語をまとめよう！

◆ 単語 ◆	◇ 意味 ◇	◆ 単語 ◆	◇ 意味 ◇
☐		☐	
☐		☐	
☐		☐	

THEME 受け身

動作をする人を示すとき

□「(人)によって」のように動作をする人をはっきりさせたいときは，by 〜 を使う。

例 This letter was written by her. （この手紙は彼女によって書かれました。）

「〜によって」

by のあとの代名詞は，him
や her などの形にする！

教科書
CHECK 教科書に出ている，by 〜のついた受け身の文を書こう！

_____ページ

受け身の否定文・疑問文

□否定文は，be 動詞のあとに not を入れる。

ふつうの文 English is　 spoken in this country. （この国では英語が話されています。）

否定文 English isn't spoken in this country. （この国では英語は話されていません。）

be動詞のあとにnot

□疑問文は，be 動詞で文を始める。答えるときも be 動詞を使う。

ふつうの文 　　　This station was built last year. （この駅は昨年，建てられました。）

疑問文 Was this station　　 built last year? （この駅は昨年，建てられたのですか。）

be動詞で文を始める

－ Yes, it was. （はい。）

－ No, it wasn't. （いいえ。）

⚠ 過去の受け身は be 動詞を過去形にして，
〈was[were]＋過去分詞〉の形！

単語
CHECK 新出単語をまとめよう！

◆単語◆	◇意味◇	◆単語◆	◇意味◇
☐		☐	
☐		☐	
☐		☐	

THEME 現在完了形（経験・完了）

現在完了形（経験）とは

主語が3人称単数のときは has

☐ 現在完了形は〈have[has]＋過去分詞〉という形。過去から現在までに「～したことがある」という「経験」の意味を表すことができる。

・過去の文 ➡ 過去の行動，状態
I saw a koala last year.
（私は去年コアラを見ました。）

・現在完了形（経験）の文 ➡ これまでの経験
I have seen a koala twice.
（私はコアラを2回見たことがあります。）

現在完了形（経験）の否定文・疑問文

☐ 否定文は have[has] のあとに not や never（1度も～ない）を入れる。

否定文 I have never been to Nara.
haveのあとにnever
private は1度も奈良に行ったことがありません。
have been to ～で「～に行ったことがある」

☐ 疑問文は Have[Has] で文を始める。

疑問文 Have you ever been to Nara?　（あなたは今までに奈良に行ったことがありますか。）
Have[Has]で文を始める。　ever は「今までに」　答えの文でも have[has] を使う

— Yes, I have. / No, I haven't.　（はい，あります。／ いいえ，ありません。）

教科書 CHECK 教科書に出ている，現在完了形（経験）の文を書こう！

_____ページ

☐ 現在完了形（経験）でよく使う語

意 味	語	意 味	語
今までに	01	2回	04
1度も～ない	02	3回	05
1回	03	何回も	06

単語 CHECK 新出単語をまとめよう！

◆ 単語 ◆	◇ 意味 ◇	◆ 単語 ◆	◇ 意味 ◇
☐		☐	
☐		☐	
☐		☐	

No.

Date

THEME 現在完了形（経験・完了）

現在完了形（完了）とは

□ 現在完了形は,「（すでに, ちょうど）〜した［してしまった］」という「完了」の意味も表す。

・過去の文 ➡ 過去の行動, 状態　　・現在完了形の文 ➡ 今はもう終わっている

I had breakfast this morning.　　I've already had breakfast.

（今朝, 私は朝食を食べました。）　　（私はもう朝食を食べました。）

現在完了形（完了）の文

ふつうの文 The train has just arrived.　（電車はちょうど到着したところ です。）

just は「ちょうど, たった今」。

否定文 The train hasn't arrived yet.　（電車はまだ到着していません。）

hasのあとにnot　hasn't は has not の短縮形

疑問文 Has the train arrived yet?　（電車はもう到着しましたか。）

Have[Has]で文を始める。

否定文での yet は「まだ（〜ない）」。
疑問文での yet は「もう」。

　　　　— Yes, it has.　　　（はい, しました。）

　　　　— No, it hasn't. / No, not yet.　（いいえ, していません。／いいえ, まだです。）

教科書 CHECK 教科書に出ている, 現在完了形（完了）の文を書こう!

_____ページ

□ 現在完了形（完了）でよく使う語

意　味	語	意　味	語
すでに	07	（否定文で）まだ,（疑問文で）もう	09
ちょうど	08		

単語 CHECK 新出単語をまとめよう!

◆ 単語 ◆	◇ 意味 ◇	◆ 単語 ◆	◇ 意味 ◇
□		□	
□		□	
□		□	

THEME 現在完了形（継続）/ 現在完了進行形 ☑まだまだ ☑もうすこし ☑ばっちり

現在完了形（継続）とは

☐ 現在完了形は，過去のある時点から現在まで「（ずっと）～している」という「継続」の意
味も表す。

- 過去の文 ➡ 過去の状態

  I lived in Tokyo ten years ago.

  （私は 10 年前，東京に住んでいました。）

- 現在完了形（継続）の文 ➡ 過去から続いている状態

  I have lived in Tokyo for ten years.

  （私は 10 年間，東京に住んでいます。）

現在完了形（継続）の否定文・疑問文

否定文 I haven't lived here since last year.　（私は昨年からここには住んでいません。）

疑問文 Have you lived here since last year?　（あなたは昨年からここに住んでいますか。）

　－ Yes, I have. / No, I haven't.　（はい。/いいえ。）

How long have you lived here?　（あなたはどのくらいここに住んでいますか。）

└─ 疑問詞のあとにhave[has]を続ける。

　－ For one year.　（1 年間です。）/ Since last year.　（昨年からです。）

教科書 CHECK ✏ 教科書に出ている，現在完了形（継続）の文を書こう！

_____ページ

☐　現在完了形（継続）でよく使う語

意　味	語
（時間）の間	01
～から[以来]	02

☐　「継続」の用法でよく使う状態を表す動詞

動　詞	過去分詞
be （いる）	03
live （住んでいる）	04
have （持っている）	05
know （知っている）	06

単語 CHECK ✏ 新出単語をまとめよう！

◆ 単語 ◆	◇ 意味 ◇	◆ 単語 ◆	◇ 意味 ◇
☐		☐	
☐		☐	
☐		☐	

THEME 現在完了形（継続）/ 現在完了進行形

現在完了進行形とは

☐ 現在完了進行形は，過去から現在まである動作や行為が続いていることを表す。
〈have[has] been＋動詞の ing 形〉で表す。

現在完了形 I have had a dog for five years. （私は 5 年間犬を飼っています。）
└─ have は状態を表す動詞

現在完了進行形 I have been playing tennis for three hours. (私は 3 時間ずっと / テニスをしています。)
└─ play は動作を表す動詞

状態を表す動詞は現在完了形（継続），動作を表す動詞は現在完了進行形を使うんだね。

現在完了進行形の否定文・疑問文

☐ 否定文は have[has]のあとに not を入れる。疑問文は Have[Has]で文を始める。

ふつうの文 It has been raining since yesterday. （昨日からずっと雨が降っています。）
否定文 It hasn't been raining since yesterday. （昨日からずっと雨が降ってはいません。）
└─ have[has]のあとに not

疑問文 Has it been raining since yesterday? （昨日からずっと雨が降っていますか。）
└─ Have[Has]で文を始める。

　　　　 − Yes, it has. / No, it hasn't. （はい。/ いいえ。）

教科書 CHECK 教科書に出ている，現在完了進行形の文を書こう！

＿＿＿ページ

単語 CHECK 新出単語をまとめよう！

◆ 単語 ◆	◇ 意味 ◇	◆ 単語 ◆	◇ 意味 ◇
☐		☐	
☐		☐	
☐		☐	

THEME **不定詞のいろいろな文**

☑ まだまだ ☑ もう少し ☑ ばっちり

It … to ～.

☐ It … to ～. で「～することは…だ」という意味。

例 It is interesting to read books. （本を読むことはおもしろい。）

toのあとは動詞の原形

例 It is easy for me to play the piano. （私にとってピアノを弾くことは簡単です。）

「～にとって」は for ～で表す。

教科書 CHECK 🖋 教科書に出ている，It … to ～. の文を書こう！

_____ページ

☐ It … to ～. でよく使う形容詞・名詞

意　味	語	意　味	語
大切な	01	役に立つ	03
難しい	02	楽しいこと	04

感情の原因や理由を表す〈to＋動詞の原形〉

☐ 感情を表す形容詞のあとに〈to＋動詞の原形〉を続けて，感情の原因や理由を表すことができる。

感情を伝える文 I'm happy. （私はうれしい。）

感情の原因を伝える文 I'm happy to hear that. （私はそれを聞いてうれしい。）

toのあとは動詞の原形

単語 CHECK 🖋 新出単語をまとめよう！

◆ 単語 ◆	◇ 意味 ◇	◆ 単語 ◆	◇ 意味 ◇
☐		☐	
☐		☐	
☐		☐	

英語
ENGLISH

THEME **不定詞のいろいろな文**

want *A* to ～ など

☐ want *A* to ～ で「A(人)に～してほしい」という意味。

- 「～したい」

  I want to read this book.

  （私はこの本を読みたいです。）

- 「A に～してほしい」

  I want you to read this book.

  （私はあなたにこの本を読んでほしいです。）

☐ 〈動詞 A to ～〉の形で使う動詞

A に～してほしい	05	him to win	（彼に勝ってほしい）
A に～するように言う	06	him to come early	（彼に早く来るように言う）
A に～するように頼む	07	him to call Jim	（彼にジムへ電話するように頼む）

教科書
CHECK ✏ 教科書に出ている，want *A* to ～の文を書こう！

_____ ページ

too … to ～

☐ too … to ～ で「～するには…すぎる，…すぎて～できない」という意味。too のあとには形容詞・副詞が入る。

例 This box is too heavy for me to carry. （この箱は私にとって重すぎて運べません。）

「～にとって」は for ～できる。

☐ too … to ～ と似た意味を表すことができる表現に，so … that ～ 「とても…なので～，～であるくらい…」がある。that のあとは〈主語＋(助)動詞 ～〉の形。

例 This box is so heavy that I can't carry it. （この箱はとても重いので，私は運べません。）

単語
CHECK ✏ 新出単語をまとめよう！

◆ 単語 ◆	◇ 意味 ◇	◆ 単語 ◆	◇ 意味 ◇
☐		☐	
☐		☐	
☐		☐	

THEME 疑問詞＋to ～ / 間接疑問文

疑問詞＋to ～

☐ 疑問詞に〈to ＋動詞の原形〉を続けると，「何を～すればよいか」などの意味を表す。

例 I don't know what to do.　　　　　（私は何をすればよいかわかりません。）

　　　　　what to ～で「何を～すればよいか」

例 Can you tell me where to go?　　　（どこへ行けばよいか私に教えてくれますか。）

　　　　　where to ～で「どこに［どこで］～すればよいか」

例 Do you know which train to take?　（どちらの電車に乗ればよいか知っていますか。）

　　　　　〈疑問詞＋語句〉に to ～が続く形もある。

how to ～

☐ how to ～で「～のしかた，どのように～するか」という意味を表す。

例 Can you tell me how to play this game?　（このゲームの遊び方を教えてくれる？）

　　　　　how to ～で「～のしかた」

教科書
CHECK　　教科書に出ている，how to ～ を使った文を書こう！

_____ページ

☐ さまざまな〈疑問詞 + to ～〉

意 味	疑問詞 + to ～	意 味	疑問詞 + to ～
何を～すればよいか	01 _____ to ～	どれを～すればよいか	04 _____ to ～
いつ～すればよいか	02 _____ to ～	～のしかた	05 _____ to ～
どこに～すればよいか	03 _____ to ～		

単語
CHECK　　新出単語をまとめよう！

◆ 単語 ◆	◇ 意味 ◇	◆ 単語 ◆	◇ 意味 ◇
☐		☐	
☐		☐	
☐		☐	

間接疑問文

□ 疑問詞を使う疑問文が別の文の中に入ると，疑問詞のあとは〈主語＋（助）動詞 ～〉の語順になる。

【be 動詞の場合】

| 疑問文 | What is this? | （これは何ですか。） |

⬇

| 間接疑問文 | I don't know what this is. | （私はこれが何か知りません。） |

疑問詞のあとは〈主語＋be動詞〉の語順

【一般動詞の場合】

| 疑問文 | Where does Yuta live? | （勇太はどこに住んでいますか。） |

⬇

| 間接疑問文 | Do you know where Yuta lives? | （あなたは勇太がどこに住んでいるか知っていますか。） |

疑問詞のあとは〈主語＋動詞〉の語順

⚠ 動詞の形は，主語や現在・過去によって決める。

教科書 CHECK 教科書に出ている，間接疑問の文を書こう！

_____ページ

□ さまざまな間接疑問文

06 I don't know where _____ . （私は彼がどこにいるか知りません。）

07 I don't know when _____ . （私は彼女がいつ来たか知りません。）

08 I don't know what _____ make. （私は彼が何を作るつもりか知りません。）

09 I don't know who _____ . （私はだれがこれを書いたか知りません。）

単語 CHECK 新出単語をまとめよう！

◆ 単語 ◆	◇ 意味 ◇	◆ 単語 ◆	◇ 意味 ◇
☐		☐	
☐		☐	
☐		☐	

THEME S＋V＋O＋C / S＋V＋O＋動詞の原形 ✓ まだまだ ✓ もう少し ✓ ばっちり

S＋V＋O＋Cとは

□〈S（主語）＋V（動詞）＋O（目的語）＋C（補語）〉という組み立ての文。補語が名詞のときは，「～を…と呼ぶ」などの意味を表す。

例　My friends call me Jenny.　　　（友達は私をジェニーと呼びます。）
　　　　　　　　　　O　C
　　〈call＋O＋C〉
　　OをCと呼ぶ

例　We named the dog Max.　　　私たちはその犬をマックス
　　　　　　　　　O　　C　　　と名づけました。
　　〈name＋O＋C〉
　　OをCと名づける

> ⚠ 補語が名詞でも形容詞でも，
> O＝Cの関係が成り立つ。
> me＝Jenny
> the dog＝Max
> me＝happy
> the paper＝black
> your room ＝ clean

C（補語）が形容詞のとき

□補語が形容詞のときは，「～を…にする」などの意味を表す。

例　This music makes me happy.　　　この音楽は私を
　　　　　　　　　　O　C　　　　　幸せにします。
　　〈make＋O＋C〉OをCにする

例　He painted the paper black.　　　（彼はその紙を黒く塗りました。）
　　　　　　　　　O　　　C
　　〈paint＋O＋C〉
　　OをCに塗る

例　You should keep your room clean.　（あなたは自分の部屋をきれいにしておくべきです。）
　　　　　　　　　　O　　　　C
　　〈keep＋O＋C〉
　　OをCにしておく

教科書CHECK ▶ 教科書に出ている，S＋V＋O＋Cの文を書こう！

＿＿＿ページ

□　S＋V＋O＋Cでよく使われる動詞

意 味	動 詞	意 味	動 詞	意 味	動 詞
～を…と呼ぶ	01	～を…にする	03	～を…にしておく	05
～を…と名づける	02	～を…に塗る	04		

単語CHECK ▶ 新出単語をまとめよう！

◆単語◆	◇意味◇	◆単語◆	◇意味◇
□		□	
□		□	
□		□	

THEME S＋V＋O＋C / S＋V＋O＋動詞の原形

S＋V＋O＋動詞の原形

□ 〈S（主語）＋V（動詞）＋O（目的語）＋動詞の原形〉で，「～に…させる」などの意味を表す。

例 Will you let me use your dictionary?　（あなたの辞書を私に使わせてくれませんか。）
O　動詞の原形　〈let＋O＋動詞の原形〉 O に…させる（許可）

例 Let me introduce myself.　（自己紹介させてください。）
O　動詞の原形

letのように「～に…させる」という
意味で使う動詞を使役動詞という。
使役動詞には，ほかに make や have
などがある。

例 He made a girl cry.　（彼は女の子を泣かせた。）
O　動詞の原形　〈make＋O＋動詞の原形〉 （強制的に）O に…させる

例 I had my mother cook *ramen*.　（私は母にラーメンを作ってもらった。）
O　動詞の原形　〈have＋O＋動詞の原形〉 O に…してもらう

help＋O＋動詞の原形

□ この文の形で動詞に help を使うと，「～が…するのを手伝う」という

意味になる。

例 She helped me write a report.
（彼女は私がレポートを書くのを
手伝ってくれた。）
O　動詞の原形　〈help＋O＋動詞の原形〉 O が…するのを手伝う

教科書
CHECK　教科書に出ている，〈S＋V＋O＋動詞の原形〉の文を書こう！

_____ページ

単語
CHECK　新出単語をまとめよう！

◆ 単語 ◆	◇ 意味 ◇	◆ 単語 ◆	◇ 意味 ◇
☐		☐	
☐		☐	
☐		☐	

THEME 名詞を後ろから修飾する語句

✓ まだまだ　✓ もう少し　✓ ばっちり

名詞を修飾するing形

☐ 動詞の ing 形は，「〜している」という意味で直前の名詞を後ろから修飾できる。

例 The girl reading a book is Mai. （本を読んでいる女の子は麻衣です。）

〈ing形＋語句〉が名詞を後ろから修飾

☐ **ing 形のつくり方**

そのまま ing をつける	talk（話す）	01
最後の e をとって ing をつける	make（作る）	02
最後の1字を重ねて ing をつける	run（走る）	03

名詞を修飾する過去分詞

☐ 動詞の過去分詞は，「〜される［された］」という意味で直前の名詞を後ろから修飾できる。

例 I read a book written in English. （私は英語で書かれた本を読みました。）

〈過去分詞＋語句〉が名詞を後ろから修飾

教科書 CHECK 教科書に出ている，ing 形と過去分詞が名詞を後ろから修飾する文を，それぞれ書こう！

_____ ページ

_____ ページ

☐ **名詞を修飾する ing 形・過去分詞**

ing 形	04 a _____ soccer	（サッカーをしている男の子）
過去分詞	05 a _____ in Kyoto	（京都で撮られた写真）

単語 CHECK 新出単語をまとめよう！

◆単語◆	◇意味◇	◆単語◆	◇意味◇
☐		☐	
☐		☐	
☐		☐	

THEME 名詞を後ろから修飾する語句

名詞を修飾する〈主語＋動詞 ～〉

□〈主語＋動詞 ～〉のまとまりで，直前の名詞を後ろから修飾できる。

例 I bought a CD yesterday. （私は昨日 CD を買いました。）

This is the CD I bought yesterday. （これは私が昨日買った CD です。）

〈主語＋動詞 ～〉が名詞を後ろから修飾

教科書
CHECK

教科書に出ている，〈主語＋動詞 ～〉が名詞を後ろから修飾する文を書こう！

_____ページ

□ 名詞を後ろから修飾するさまざまな語句

前置詞	06	Use the _____ _____ the desk.
		（机の上にある辞書を使いなさい。）
〈to＋動詞の原形〉	07	I have a lot of _____ _____ do.
		（私にはするべき宿題がたくさんあります。）
ing 形	08	The _____ _____ pictures is Mika.
		（写真を撮っている女の子は美香です。）
過去分詞	09	This is a _____ _____ in Japan.
		（これは日本で作られた車です。）
〈主語＋動詞 ～〉	10	The _____ _____ is interesting.
		（あなたが書いた物語はおもしろいです。）

単語
CHECK

新出単語をまとめよう！

◆ 単語 ◆	◇ 意味 ◇	◆ 単語 ◆	◇ 意味 ◇
☐		☐	
☐		☐	
☐		☐	

THEME 関係代名詞 ①

まだまだ　もう少し　ばっちり

関係代名詞とは

□ 関係代名詞は，人やものについて説明を加えるときに使う。説明する文を別の文につないで，人やものについて後ろから説明を加える役割をする。

□ 関係代名詞を使って説明される名詞のことを先行詞という。

関係代名詞who

□ 人を表す名詞のあとに〈who＋動詞 〜〉を続けて，その「人」について後ろから説明を加えることができる。

2文での説明 Jim is a boy. He lives in Paris. （ジムは男の子です。彼はパリに住んでいます。）

⬇

whoを使った説明 Jim is a boy who lives in Paris. （ジムはパリに住んでいる男の子です。）

〈who＋動詞 〜〉が後ろから説明

⚠ who のあとの動詞の形は，先行詞や現在・過去によって決まる。

教科書 CHECK 教科書に出ている，〈who＋動詞 〜〉が「人」について説明を加えている文を書こう！

＿＿＿ページ

□ who の代わりに that を使うこともある。

例 Do you know the person that painted this picture? （あなたはこの絵を描いた人を知っていますか。）

〈that＋動詞 〜〉が後ろから説明

単語 CHECK 新出単語をまとめよう！

◆ 単語 ◆	◇ 意味 ◇	◆ 単語 ◆	◇ 意味 ◇
□		□	
□		□	
□		□	

No.

Date

英語
ENGLISH

THE LOOSE-LEAF STUDY GUIDE
GAKKEN
-PLUS-

LOOSE-LEAF COLLECTION
3

THEME 関係代名詞 ①

関係代名詞that・which

□ ものを表す名詞のあとに〈that ＋動詞 ～〉を続けて，その「もの」について後ろから説明を加えることができる。that の代わりに which を使うこともある。

2文での説明　That is a shop. It sells bags.　（あれはお店です。そこはかばんを売っています。）

⬇

thatを使った説明　That is a shop that sells bags.　（あれはかばんを売るお店です。）

||　　　　　　　　　〈that ＋ 動詞 ～〉が後ろから説明

whichを使った説明　That is a shop which sells bags.

〈which ＋ 動詞 ～〉が後ろから説明

⚠ that や which のあとの
動詞の形は，先行詞や
現在・過去によって決まる。

教科書
CHECK　　教科書に出ている，〈that［which］＋動詞 ～〉が「もの」について説明を加えている文を書こう！

_____ページ

□ あとに動詞がくる関係代名詞

「人」を説明	01 Nao is the student _____ made this.
	（奈央がこれを作った生徒です。）
「もの」を説明	02 This is a robot _____ plays the violin.
	（これはバイオリンを弾くロボットです。）

単語
CHECK　　新出単語をまとめよう！

◆ 単語 ◆	◇ 意味 ◇	◆ 単語 ◆	◇ 意味 ◇
☐		☐	
☐		☐	
☐		☐	

THEME **関係代名詞 ②**

関係代名詞that

☐ 関係代名詞 that は，あとに〈主語＋動詞 ～〉を続けて，名詞に後ろから説明を加えることができる。

2文での説明 This is a bag. I often use it.　（これはかばんです。私はそれをよく使います。）

thatを使った説明 This is the bag that I often use.　（これは私がよく使うかばんです。）

〈that＋主語＋動詞 ～〉が後ろから説明

that のあとの動詞には，
it などの目的語は不要。

関係代名詞which

☐ 先行詞が「もの」の場合は，関係代名詞 which のあとに〈主語＋動詞 ～〉を続けて，その「もの」に後ろから説明を加えることもできる。

whichを使った説明 This is the picture which Aya took yesterday.　（これは彩が昨日撮った写真です。）

〈which＋主語＋動詞 ～〉が後ろから説明

先行詞が「人」の場合は，
which ではなく that を使う。

教科書 CHECK 教科書に出ている，that［which］のあとに〈主語＋動詞 ～〉が続く文を書こう！

_____ ページ

単語 CHECK 新出単語をまとめよう！

◆ 単語 ◆	◇ 意味 ◇	◆ 単語 ◆	◇ 意味 ◇
☐		☐	
☐		☐	
☐		☐	

THEME 関係代名詞 ②

関係代名詞の省略

□〈主語＋動詞 〜〉があとに続く that や which は，省略することができる。

thatを使った形 This is the book that I bought yesterday. （これは私が昨日買った本です。）

‖

thatを省略した形 This is the book I bought yesterday.

that や which が省略されると，
〈主語＋動詞 〜〉が名詞を後ろ
から修飾する形になる。

□関係代名詞のすぐあとに動詞が続いている場合は，その関係代名詞は省略できない。

○ I have a friend who speaks Chinese. （私には中国語を話す友達がいます。）

× I have a friend speaks Chinese.

□ 　　　関係代名詞のまとめ

あとに動詞が続く関係代名詞

01 Paul is a boy 　　　　　 loves music.

（ポールは音楽が大好きな男の子です。）

02 That's the bus 　　　　　 goes to the zoo.

（あれが動物園へ行くバスです。）

あとに〈主語＋動詞 〜〉が続く関係代名詞

03 This is a cake 　　　　　 I made.

（これは私が作ったケーキです。）

単語
CHECK ✐ 新出単語をまとめよう！

◆ 単語 ◆	◇ 意味 ◇	◆ 単語 ◆	◇ 意味 ◇
☐		☐	
☐		☐	
☐		☐	

THEME 仮定法

まだまだ ✓　もう少し ✓　ばっちり ✓

仮定法 If 〜

☐ 仮定法とは，if などを使って「もしも〜なら…だろうに」のように，現実とは違う仮定の話をする言い方。現在のことでも，動詞や助動詞は過去形を使う。

例 If I <u>had</u> one million dollars, I <u>would</u> travel around the world.
　　　　過去形　　　　　　　　　　　　　　　過去形
（もしも100万ドルあるなら，世界一周旅行をするだろうに。）

例 If I <u>were</u> a bird, I <u>could</u> fly to you right now.
　　　　過去形　　　　　過去形
（もしも私が鳥なら，今すぐあなたのところへ飛んでいけるのに。）

⚠ 仮定法の if に続く be 動詞は，主語が I でも3人称単数でも were を使うことが多い。

ふつうの文と仮定法の文の違い

☐ ふつうの文の場合，if 〜は現実にそうなる可能性があることを述べている。

ふつうの文 If it <u>is</u> sunny tomorrow, I <u>will</u> play baseball.
　　　　　　　　現実にそうなる可能性があること
（もし明日晴れたら，野球をします。）

☐ 仮定法の文の場合，if 〜は現実とは違うことを仮定として述べている。

仮定法の文 If it <u>were</u> sunny today, I <u>would</u> play baseball.
　　　　　　　　現実とは違うこと（今日は晴れていない）
（もしも今日晴れていたら，野球をするだろうに。）

教科書 CHECK 🖊 教科書に出ている，if を使った仮定法の文を書こう！

＿＿＿ページ

単語 CHECK 🖊 新出単語をまとめよう！

◆ 単語 ◆	◇ 意味 ◇	◆ 単語 ◆	◇ 意味 ◇
☐		☐	
☐		☐	
☐		☐	

THEME **仮定法**

仮定法 I wish ～

□ I wish に続く文で動詞や助動詞に過去形を使うと，「～だったらいいのに」と現実にはかなわない願望を言う表現になる。

仮定法の文 I wish I could stay longer.　（もっと長く滞在できたらいいのに。）
　　　　　　　　　　　　過去形

仮定法の文 I wish I were rich.　　　　　（私が金持ちだったらいいのに。）
　　　　　　　　　　過去形　be 動詞は人称にかかわらず were を使うことが多い。

ふつうの文 I hope it will be sunny tomorrow.　（明日晴れればいいな。）
　　　　　　　　　　　現実にかなう願望の場合は hope を使う。

教科書 CHECK 教科書に出ている，I wish ～を使った仮定法の文を書こう！

_____ページ

□ **仮定法のまとめ**

If ～	01	If I _____ a time machine, I _____ go to the future.
		（もしタイムマシンがあったら，未来に行くことができるだろうに。）
	02	If I _____ you, I _____ give up sooner.
		（もし私があなただったら，もっと早くあきらめるだろうに。）
I wish ～	03	I wish I _____ a car.
		（私が自動車を運転できればいいのに。）
	04	I wish she _____ at tennis.
		（彼女がテニスが上手ならいいのに。）

単語 CHECK 新出単語をまとめよう！

◆ 単語 ◆	◇ 意味 ◇	◆ 単語 ◆	◇ 意味 ◇
☐		☐	
☐		☐	
☐		☐	

P.19 受け身

01 am, was　02 is, was　03 are, were　04 cleaned　05 made　06 written　07 spoken

［ポイント］04 〜 07 過去分詞は動詞の変化形のひとつ。規則動詞の場合，過去分詞の形は基本的に過去形と同じだが，不規則動詞では過去形とは形が異なるものもある。

P.21 現在完了形（経験・完了）

01 ever　02 never　03 once　04 twice　05 three times　06 many times　07 already　08 just

09 yet

［ポイント］05「3 回」以上は three times などのように，〜 times の形で表す。09 yet は否定文では「まだ」，疑問文では「もう（すでに）」という意味。意味の違いに注意。

P.23 現在完了形（継続）/ 現在完了進行形

01 for　02 since　03 been　04 lived　05 had　06 known

［ポイント］01・02 for のあとには for nine years（9 年間）などのように期間の長さ，since のあとには since 2008（2008 年から）などのように期間が始まる基点を表す語句が続く。03 be 動詞の過去分詞は人称にかかわらず been。04・05 過去分詞は過去形と同じ形。06 know の過去分詞は known で，過去形 knew とは形が異なるので注意。

P.25 不定詞のいろいろな文

01 important　02 difficult[hard]　03 useful[helpful]　04 fun　05 want　06 tell　07 ask

［ポイント］01 〜 04 どれも It … to 〜. の文でよく使われる形容詞と名詞。ほかに dangerous（危険な）や easy（簡単な）などもよく使われる。

P.27 疑問詞＋ to 〜 / 間接疑問文

01 what　02 when　03 where　04 which　05 how　06 he is　07 she came　08 he will　09 wrote this

［ポイント］01・04 what flower to buy（何の花を買えばよいか），which room to use（どちらの［どの］部屋を使えばよいか）のように，〈疑問詞＋語句〉に to 〜を続ける形もある。06 × where is he のように，ふつうの疑問文の語順にしないように注意。09 この who は主語のはたらきをするので，直後に動詞を続ける。

P.29 S＋V＋O＋C / S＋V＋O＋動詞の原形

01 call　02 name　03 make　04 paint　05 keep[leave]

［ポイント］05 leave O C は「O を C のままにしておく」という意味。この文型では，ほかに次のような動詞が使われる。get O C（O を C にする），think O C（O が C だと思う），find O C（O が C だとわかる）

P.31 名詞を後ろから修飾する語句

01 talking　02 making　03 running　04 boy playing　05 picture[photo] taken

06 dictionary on　07 homework to　08 girl taking　09 car made　10 story you wrote

［ポイント］03 最後の 1 字を重ねて ing をつける語には，ほかに hit − hitting，swim − swimming，put − putting などがある。07 〈to＋動詞の原形〉には，「～すべき」という意味で名詞を後ろから修飾する使い方がある。

P.34 関係代名詞 ①

01 who[that]　02 that[which]

［ポイント］あとに動詞が続く関係代名詞は，説明される名詞が「人」の場合には who または that，「もの」の場合には that または which を使う。

P.36 関係代名詞 ②

01 who[that]　02 that[which]　03 that[which]

［ポイント］01・02 すぐあとに動詞が続いている関係代名詞は，省略することができないので注意。03 あとに〈主語＋動詞 ～〉が続いている関係代名詞は，省略することができる。

P.38 仮定法

01 had, could　02 were[was], would　03 could drive　04 were[was] good

［ポイント］仮定法では現在のことを言うときも，動詞や助動詞は過去形を使う。be 動詞は，人称にかかわらず were を使うことが多い。

THE
LOOSE-LEAF
STUDY GUIDE
3
FOR JHS STUDENTS

中3
数学
MATHEMATICS

THE LOOSE-LEAF STUDY GUIDE
★★
GAKKEN
-PLUS-

A LOOSE-LEAF COLLECTION
FOR A COMPLETE REVIEW OF ALL 5 SUBJECTS
GAKKEN PLUS

学習内容

学習項目	学習日	テスト日程
1　多項式の計算		
2　平方根		
3　２次方程式		
4　関数 $y=ax^2$		
5　相似な図形		
6　平行線と線分の比・相似な図形の計量		
7　円周角の定理		
8　三平方の定理		
9　標本調査		

TO DO LIST

やることをリストにしよう！重要度を☆で示し、できたら☐に印をつけよう。

☐ ☆☆☆　　　　　　　　　　　☐ ☆☆☆

☐ ☆☆☆　　　　　　　　　　　☐ ☆☆☆

☐ ☆☆☆　　　　　　　　　　　☐ ☆☆☆

☐ ☆☆☆　　　　　　　　　　　☐ ☆☆☆

THEME 多項式の計算

単項式と多項式の乗除

☐ **1** $5a(3a-8b)$

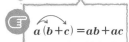

1 分配法則を使って，単項式を多項式にかける。

$a(b+c)=ab+ac$

$5a(3a-8b)$
$=5a\times$ 01 $+$ 02 $\times(-8b)$
$=$ 03

☐ **2** $(6x^2y+9xy^2)\div(-3xy)$

2 わる式を逆数にして，除法を乗法にする。

$(6x^2y+9xy^2)\div(-3xy)$

$=(6x^2y+9xy^2)\times\left(-\dfrac{1}{04}\right)=$ 05

乗法公式を使った展開

☐ **1** $(x+8)(x-5)$

公式 乗法公式
❶ $(x+a)(x+b)=x^2+(a+b)x+ab$
❷ $(x+a)^2=x^2+2ax+a^2$
❸ $(x-a)^2=x^2-2ax+a^2$
❹ $(x+a)(x-a)=x^2-a^2$

基本公式
$(a+b)(c+d)$
$=ac+ad+bc+bd$

1 $(x+8)(x-5)$　公式❶のaに8, bに-5をあてはめる
↓
$=x^2+\{$ 06 $+($ 07 $)\}x+$ 08 $\times($ 09 $)$
$=$ 10

☐ **2** $(x+3)^2$

2 $(x+3)^2$

$=x^2+2\times$ 11 $\times x+$ 12 ^{2}
$=$ 13

☐ **3** $(3a-5b)^2$

3 $3a, 5b$ を 1 つの文字とみて公式❸にあてはめる。

$(3a-5b)^2$

$=(3a)^2-2\times($ 14 $)\times($ 15 $)+(5b)^2$

☐ **4** $(2x+7y)(2x-7y)$

$=$ 16

4 $2x, 7y$ を 1 つの文字とみて公式❹にあてはめる。

$(2x+7y)(2x-7y)=($ 17 $)^2-($ 18 $)^2$

$=$ 19

乗法公式を使った計算

□ $(x-3)(x-7)-(x-9)^2$

💡 乗法公式を使って乗法部分を展開し，同類項をまとめる。

$$(x-3)(x-7)-(x-9)^2$$
$$= x^2 \boxed{}_{20} \quad x \boxed{}_{21} \quad -(x^2 \boxed{}_{22} \quad x \boxed{}_{23} \quad)$$
$$= x^2 \boxed{}_{24} \quad x \boxed{}_{25} \quad -x^2 \boxed{}_{26} \quad x \boxed{}_{27}$$
$$= \boxed{}_{28}$$

⚠ −( ) をはずすとき，符号の変化に注意！

因数分解

次の式を因数分解しなさい。

□ **1** $5x^2-10x-120$

💡 **1** まず共通因数をくくり出し，さらに公式を使って因数分解する。

$$5x^2-10x-120$$
$$= \boxed{}_{29} \quad (x^2 \boxed{}_{30} \quad x \boxed{}_{31} \quad)$$
$$= \boxed{}_{32}$$

共通因数をくくり出す

$x^2+(a+b)x+ab$
$=(x+a)(x+b)$

□ **2** $9x^2+24xy+16y^2$

💡 **2** 乗法公式**2**を逆に使って，因数分解する。

$$9x^2+24xy+16y^2$$
$$= (3x)^2+2\times \boxed{}_{33} \quad \times 3x+(\boxed{}_{34} \quad)^2$$
$$= \boxed{}_{35}$$

$x^2+2ax+a^2$
$=(x+a)^2$

くふうした計算

□ $7.5^2-2.5^2$ をくふうして計算しなさい。

💡 因数分解して計算する。

$$7.5^2-2.5^2$$
$$= (7.5+\boxed{}_{36} \quad)(\boxed{}_{37} \quad -\boxed{}_{38} \quad)$$
$$= \boxed{}_{39} \quad \times \boxed{}_{40}$$
$$= \boxed{}_{41}$$

x^2-a^2
$=(x+a)(x-a)$

和や差がきりのよい数になるので，計算がカンタンになる。

THEME 平方根

平方根の大小

□ $-\sqrt{15}$ と -4 の大小を，不等号を使って表しなさい。

4 を $\sqrt{}$ のついた数で表すと，$4=\sqrt{\boxed{01}}$

> a, b が正の数のとき，$a<b$ ならば $\sqrt{a}<\sqrt{b}$

15 < 16 だから，

$\sqrt{15}$ ⟨02⟩ $\sqrt{16}$

負の数は，絶対値が大きいほど小さいから，

$-\sqrt{15}$ ⟨03⟩ $-\sqrt{16}$

したがって，$-\sqrt{15}$ ⟨04⟩ -4

根号の中の数を求める

□ $4<\sqrt{3n}<5$ にあてはまる自然数 n の値をすべて求めなさい。

$\blacksquare<\sqrt{a}<\bullet$ を $\blacksquare^2<a<\bullet^2$ として，$\sqrt{}$ をはずす。

$4<\sqrt{3n}<5$

⟨05⟩$^2<(\sqrt{3n})^2<$ ⟨06⟩ ← それぞれの数を2乗する

⟨07⟩ $<3n<$ ⟨08⟩

この式にあてはまる自然数 n の値は，⟨09⟩

根号がついた数の乗除

□ ❶ $\sqrt{6}\times\sqrt{7}$

❶ 平方根の積 → $\sqrt{a}\times\sqrt{b}=\sqrt{ab}$

$\sqrt{6}\times\sqrt{7}=\sqrt{\boxed{10}}$

□ ❷ $\sqrt{75}\div(-\sqrt{3})$

❷ 平方根の商 → $\sqrt{a}\div\sqrt{b}=\sqrt{\dfrac{a}{b}}$

> 整数に直せるときは，整数にする。

$\sqrt{75}\div(-\sqrt{3})=-\sqrt{\boxed{11}}=$ ⟨12⟩

□ ❸ $\sqrt{18}\times4\sqrt{3}\div\sqrt{24}$

❸ 根号がついた数を $a\sqrt{b}$ の形に直して計算する。

$\sqrt{18}\times4\sqrt{3}\div\sqrt{24}$

> $\sqrt{a^2b}=a\sqrt{b}$

$=$ ⟨13⟩ $\times4\sqrt{3}\div$ ⟨14⟩

$=\dfrac{3\sqrt{2}\times4\sqrt{3}}{2\times\sqrt{2}\times\sqrt{3}}$ ← $2\sqrt{6}=2\times\sqrt{2}\times\sqrt{3}$

$=$ ⟨15⟩

> $\sqrt{}$ の中の数が同じならば，文字式の計算と同じように約分できる。

根号がついた数の加減

□ **1** $\sqrt{20}+\sqrt{80}$

1 加法→ $m\sqrt{a}+n\sqrt{a}=(m+n)\sqrt{a}$

$\sqrt{20}+\sqrt{80}$

$\sqrt{20}, \sqrt{80}$ を $a\sqrt{b}$ の形にする

$= \underline{}_{16} + \underline{}_{17}$

$= \underline{}_{18}$

⚠ $\sqrt{a}+\sqrt{b}=\cancel{\sqrt{a+b}}$

□ **2** $\sqrt{48}-\dfrac{6}{\sqrt{3}}$

2 減法→ $m\sqrt{a}-n\sqrt{a}=(m-n)\sqrt{a}$

$\sqrt{48}-\dfrac{6}{\sqrt{3}}$

分母の有理化
$\dfrac{a}{\sqrt{b}}=\dfrac{a\times\sqrt{b}}{\sqrt{b}\times\sqrt{b}}$

$=4\sqrt{3}-\dfrac{\underline{}_{19}}{3}$

$=4\sqrt{3}-\underline{}_{20} = \underline{}_{21}$

根号をふくむ式の計算

□ **1** $(\sqrt{6}-4)^2$

💡 $\sqrt{}$ のついた数を1つの文字とみて，乗法公式を利用する。

1 $(\sqrt{6}-4)^2$

$= (\underline{}_{22})^2-2\times 4\times\sqrt{6}+\underline{}_{23}{}^2$

$(x-a)^2=x^2-2ax+a^2$

$= \underline{}_{24} -8\sqrt{6}$

□ **2** $(2\sqrt{2}+\sqrt{12})(\sqrt{8}-2\sqrt{3})$

2 $(2\sqrt{2}+\sqrt{12})(\sqrt{8}-2\sqrt{3})$ ← $\sqrt{12}, \sqrt{8}$ を $a\sqrt{b}$ の形にする

$= (2\sqrt{2}+\underline{}_{25})(\underline{}_{26}-2\sqrt{3})$

$= (\underline{}_{27})^2-(\underline{}_{28})^2$

$(x+a)(x-a)=x^2-a^2$

$= \underline{}_{29}$

有効数字の表し方

次の近似値の有効数字が3けたであるとき，それぞれの近似値を，

（整数部分が1けたの数）×（10の累乗）の形で表しなさい。

□ **1** 1560 g

💡 **1** 有効数字が1, 5, 6 → $\underline{}_{30} \times 10^3$ g

□ **2** 28000 km

💡 **2** 有効数字が2, 8, 0 → $\underline{}_{31} \times 10^4$ km

⚠ 0も有効数字！

THEME 2次方程式

まだまだ　もう少し　ばっちり

平方根の考えを使った解き方

☐ $(x+3)^2=5$

を解きなさい。

💡 $x+3$ をひとまとまりとみて，5 の平方根を求める。

$(x+3)^2=5$

$x+3=\pm$ 〔01〕

$x=$ 〔02〕 $\pm$ 〔03〕

一般に，2次方程式の解は2つある。

因数分解を使った解き方

次の方程式を解きなさい。

☐ **1** $x^2-x-30=0$

☐ **2** $x^2+18x+81=0$

💡 左辺を因数分解して，$AB=0$ ならば $A=0$ または $B=0$ を利用する。

1 $x^2-x-30=0$

$x^2+(a+b)x+ab=(x+a)(x+b)$

$(x+$ 〔04〕 $)(x-$ 〔05〕 $)=0$

$x+$ 〔06〕 $=0$ または $x-$ 〔07〕 $=0$

$x=$ 〔08〕 , $x=$ 〔09〕

2 $x^2+18x+81=0$

$x^2+2ax+a^2=(x+a)^2$

$($ 〔10〕 $)^2=0$

$x+$ 〔11〕 $=0$

$x=$ 〔12〕

$(x+a)^2=0$ の解は，$x=-a$ の1つだけ。

解の公式を使った解き方

☐ $5x^2+7x+1=0$

を解きなさい。

💡 解の公式に，$a=5$, $b=7$, $c=1$ をあてはめて計算する。

公式 $ax^2+bx+c=0\,(a \neq 0)$ の解は，

$$x=\frac{-b\pm\sqrt{b^2-4ac}}{2a}$$

$$x=\frac{-\text{〔13〕}\pm\sqrt{\text{〔14〕}^2-4\times\text{〔15〕}\times1}}{2\times\text{〔16〕}}$$

$$=\frac{-\text{〔17〕}\pm\sqrt{\text{〔18〕}-\text{〔19〕}}}{\text{〔20〕}}$$

$$=\frac{\text{〔21〕}\pm\sqrt{\text{〔22〕}}}{10}$$

2次方程式の解と係数

□ 2次方程式 $x^2+ax-24=0$ の解の1つが $x=3$ であるとき，a の値と他の解を求めなさい。

💡 方程式に解を代入して，a についての方程式をつくる。

$x^2+ax-24=0$ に $x=$ [23] を代入すると，

[24] $^2+a\times$ [25] $-24=0$ ←aについての方程式

$$3a=\text{[26]}$$

$$a=\text{[27]}$$

これより，もとの方程式は，

$$x^2+\text{[28]}x-24=0$$

$$(x-3)(x+\text{[29]})=0$$

> 1つの解が3だから，左辺は $(x-3)(x+\blacksquare)$ の形に因数分解できる。

$$x=3,\ x=\text{[30]}$$

他の解は3以外の解だから，$x=$ [31]

図形の問題

□ 縦15cm，横20cmの長方形がある。この長方形の縦と横をそれぞれ同じ長さだけ短くしたら，できた長方形の面積は，もとの長方形の面積の半分になった。縦と横をそれぞれ何cm短くしたか，求めなさい。

💡 もとの長方形の縦と横をそれぞれ x cm短くしてできた長方形の縦の長さは，

[32] （cm）

横の長さは，[33] （cm）

これより，方程式は，

$$(\text{[34]})(\text{[35]})=15\times20\div2$$

↑もとの長方形の面積の半分

$$x^2-35x+150=0$$

$$(x-5)(x-\text{[36]})=0$$

$$x=5,\ x=\text{[37]}$$

$0<x<$ [38] だから，←もとの長方形の縦の長さより短い

$x=$ [39] は問題にあわない。

> 解の検討をする。

$x=$ [40] は問題にあっている。

答 [41] cm

THEME 関数 $y=ax^2$

$y=ax^2$ の式の求め方

□ y は x の 2 乗に比例し，$x=-3$ のとき $y=45$ である。y を x の式で表しなさい。

y が x の 2 乗に比例するとき，比例定数を a とすると，$y=ax^2$ とおける。

$x=-3$ のとき $y=45$ だから，

$$\boxed{01} = a \times (\boxed{02})^2$$

> 1 組の x, y の値を代入して，a の値を求める。

$$a = \boxed{03}$$

これより，式は，$y = \boxed{04}$

$y=ax^2$ のグラフ

⑦〜①の関数のグラフについて，次の問いに答えなさい。

⑦ $y=2x^2$　　① $y=-x^2$

⑦ $y=\dfrac{1}{3}x^2$　① $y=-\dfrac{1}{2}x^2$

□ **1** グラフが下に開いた形のものはどれですか。

□ **2** グラフの開き方が最も大きいのはどれですか。

1 $y=ax^2$ のグラフは，$a>0$ のとき上に開いた形　$a<0$ のとき下に開いた形になる。
グラフが下に開いた形のものは，$\boxed{05}$ ，$\boxed{06}$

2 $y=ax^2$ のグラフは，a の値の絶対値が小さいほどグラフの開き方は大きいから，開き方が最も大きいのは，$\boxed{07}$

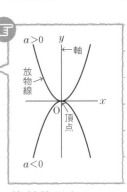

$y=ax^2$ の変域

□ 関数 $y=-\dfrac{1}{2}x^2$ で，x の変域が $-2 \leqq x \leqq 4$ のときの y の変域を求めなさい。

関数 $y=-\dfrac{1}{2}x^2$ のグラフをかいて，x の変域に対応する y の値を調べる。

$x = \boxed{08}$ のとき
y は最大値 $\boxed{09}$

$x = \boxed{10}$ のとき
y は最小値 $\boxed{11}$

これより，y の変域は，

$$\boxed{12} \leqq y \leqq \boxed{13}$$

> $x=-2$ のときの y の値 -2 を最大値としないように！

$y=ax^2$ の変化の割合

☐ 関数 $y=3x^2$ で，x の値が 2 から 5 まで増加するときの変化の割合を求めなさい。

💡 関数 $y=ax^2$ の変化の割合は一定ではない。

x の増加量は，$5-2=$ [14]

y の増加量は，$3\times$ [15] $^2-3\times$ [16] $^2=$ [17]

よって，変化の割合は，

$$\frac{[18]}{[19]}=[20]$$

> 変化の割合 $= \dfrac{y \text{ の増加量}}{x \text{ の増加量}}$

放物線と直線

下の図のように，放物線 $y=\dfrac{1}{4}x^2$ と直線 ℓ が 2 点 A，B で交わっている。次の問いに答えなさい。

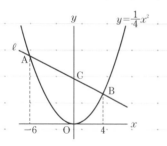

☐ ❶ 直線 ℓ の式を求めなさい。

☐ ❷ △OAB の面積を求めなさい。

💡 ❶ 点 A の y 座標は，$\dfrac{1}{4}\times(-6)^2=$ [21]

点 B の y 座標は，$\dfrac{1}{4}\times4^2=$ [22]

> 点 A，B は放物線 $y=\dfrac{1}{4}x^2$ 上の点

直線 ℓ の式を $y=ax+b$ とおくと，

[23] $=-6a+b$ ……① ←点Aの座標を代入

[24] $=4a+b$ ……② ←点Bの座標を代入

①，②を連立方程式として解くと，

$a=$ [25] ，$b=$ [26]

直線 ℓ の式は，$y=$ [27]

💡 ❷ △OAB＝△OAC＋△OBC と考える。

右の図で，

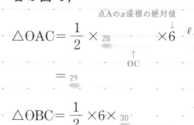
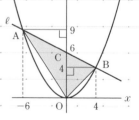

$$\triangle OAC = \frac{1}{2}\times[28]\overset{点Aのx座標の絶対値}{}\times6$$

$\underset{OC}{\uparrow}$

$= $ [29]

$$\triangle OBC = \frac{1}{2}\times6\times[30]$$

$\underset{点Bのx座標の絶対値}{\uparrow}$

$= $ [31]

$\triangle OAB=$ [32] $+$ [33] $=$ [34]

THEME 相似な図形

相似な図形の辺の長さ

下の図で，△ABC ∽ △DEF の
とき，次の問いに答えなさい。

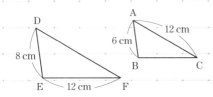

☐ **1** △ABC と △DEF の相似
比を求めなさい。

☐ **2** 辺 DF の長さを求めなさ
い。

1 辺 AB に対応する辺は，
辺 _01_ だから，
相似比は，

6 : _02_ = _03_ : _04_ ← 簡単な整数の比で表す

> 相似な図形で，対応する部分の長さの比を相似比という。

2 相似な図形では，対応する線分の長さの比は
すべて等しいから，

AB : DE= _05_ : DF

3 : _06_ = _07_ : DF

DF = _08_ （cm）

> $a:b=c:d$
> ならば
> $ad=bc$

相似な三角形を見つける

下の図で，相似な三角形の組を
見つけ，記号∽を使って表しな
さい。また，そのときに使った
相似条件を答えなさい。

☐ **1**

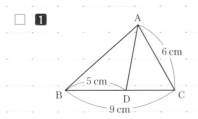

☐ **2**

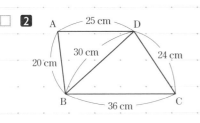

重要 三角形の相似条件
❶ 3組の辺の比がすべて等しい。
❷ 2組の辺の比とその間の角がそれぞれ等しい。
❸ 2組の角がそれぞれ等しい。

1 △ABC と △ _09_ において，

∠C は共通

BC : AC=9 : 6= _10_ : _11_

AC : DC=6 : _12_ = _13_ : _14_

「 _15_ 」

から，△ABC ∽ △ _16_ ← 対応する頂点は周にそって同じ順にかく．

2 △ _17_ と △DBC において，

AB : DC= _18_ : _19_ =5 : 6

BD : _20_ =30 : _21_ =5 : 6

_22_ : DB= _23_ : 30=5 : 6

「 _24_ 」

から，△ _25_ ∽ △DBC

三角形の相似の証明

☐ 下の図のように，AD∥BC
の台形 ABCD の対角線 AC，
BD の交点を O とする。
△AOD∽△COB であること
を証明しなさい。

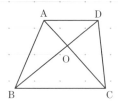

証明

△AOD と △COB において，

26＿＿＿ は等しいから，

$\angle \text{AOD} = \angle$ 27 ……①

AD∥BC で，28＿＿＿ は等しい

から，

$\angle \text{DAO} = \angle$ 29 ……②

∠ADO＝∠CBO
を示してもよい。

①，②より，30＿＿＿ から，

△AOD ∽ △COB

↑
三角形の相似条件

相似を利用して高さをはかる

☐ ビルから 40 m 離れた地点 P
からビルの先端 A を見上げ
たら，水平方向に対して
30° 上に見えた。目の高さを
1.5 m として，ビルの高さを
求めなさい。

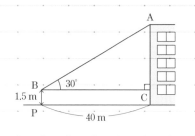

💡 △ABC の縮図をかき，それをもとに AC の長さを
求め，それに目の高さを加える。

△ABC の $\frac{1}{1000}$ の縮図 △A'B'C' をかく。

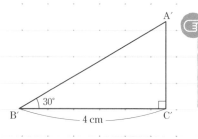

縮尺は，縮図がかき
やすく，実際の長さ
を求めるとき，計算
しやすい縮尺にする。

縮図上で，A'C' の長さをはかると，約 2.3 cm だから，

実際の高さ AC は，

2.3× 31＿＿＿ ＝ 32＿＿＿ （cm）

2300 cm＝23 m だから，ビルの高さは，

23＋ 33＿＿＿ ＝ 34＿＿＿ （m）

目の高さをたすことを
忘れないように！

THEME 平行線と線分の比・相似な図形の計算

平行線と線分の比

□ 下の図で，$\ell \parallel m \parallel n$ のとき，x の値を求めなさい。

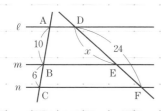

💡 平行線と線分の比の定理より，

$10 : 6 = x : ($ 01 $)$

↑
EF を x を使って表す

$10 ($ 02 $) = 6x$

$16x =$ 03

$x =$ 04

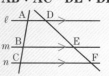

$\ell \parallel m \parallel n$ ならば，
AB : BC = DE : EF
AB : AC = DE : DF

三角形と比

下の図の △ABC で，DE $\parallel$ BC のとき，次の値を求めなさい。

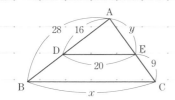

□ **1** x の値

□ **2** y の値

💡 三角形と比の定理を利用する。

DE $\parallel$ BC ならば，
AD : AB = AE : AC = DE : BC
AD : DB = AE : EC

1 $16 :$ 05 $=$ 06 $: x$ ←AD : AB = DE : BC

$16x = 28 \times$ 07

$x =$ 08

2 $16 :$ 09 $= y : 9$ ←AD : DB = AE : EC

$16 \times 9 =$ 10 y

$y =$ 11

角の二等分線と比

□ 下の図の △ABC で，AD は ∠BAC の二等分線である。線分 BD の長さを求めなさい。

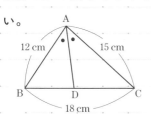

💡 右の図で，∠BAD = ∠CAD ならば，AB : AC = BD : DC

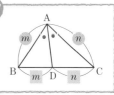

$12 : 15 = BD : ($ 12 $- BD)$

↑
DC を BD を使って表す

$12 ($ 13 $- BD) = 15BD$

$27BD =$ 14

$BD =$ 15 (cm)

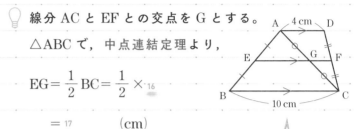

THEME　平行線と線分の比・相似な図形の計量

中点連結定理

☐ 下の図の AD∥BC の台形
ABCD で，点 E，F はそれ
ぞれ辺 AB，DC の中点，
EF∥BC である。線分 EF
の長さを求めなさい。

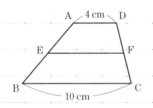

💡 線分 AC と EF との交点を G とする。
△ABC で，中点連結定理より，

$$EG = \frac{1}{2}BC = \frac{1}{2} \times_{16}$$

$$= _{17} \quad (cm)$$

△CDA で，中点連結定理より，

$$GF = \frac{1}{2}AD = \frac{1}{2} \times_{18}$$

$$= _{19} \quad (cm)$$

よって，EF=₂₀　　＋₂₁　　＝₂₂　　（cm）

> EG∥BC より，
> AE：EB=AG：GC=1：1
> 点 G は線分 AC の中点。

面積の比と体積の比

下の図の三角錐 OABC で，
OP：PA=OQ：QB=OR：RC
=2：1 である。次の問いに答
えなさい。

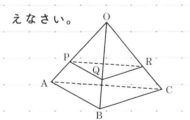

☐ **1** △OPQ の面積が $20\,\mathrm{cm}^2$
のとき，△OAB の面積
を求めなさい。

☐ **2** 三角錐 OABC の体積が
$81\,\mathrm{cm}^3$ のとき，三角錐
OPQR の体積を求めなさ
い。

💡 **1** △OPQ ∽△OAB で，相似比は2：₂₃　　　←OP：OA

相似比が $m:n$ ならば，面積の比は $m^2:n^2$

$$△OPQ : △OAB = 2^2 :_{24} \quad {}^2 = 4 :_{25}$$

$$_{26} \quad : △OAB = 4 :_{27}$$

$$△OAB = _{28} \quad (cm^2)$$

💡 **2** 三角錐 OPQR と三角錐 OABC は相似で，
相似比は₂₉　　　：₃₀　　　だから，

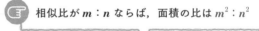
相似比が $m:n$ ならば，体積の比は $m^3:n^3$

（三角錐 OPQR の体積）：（三角錐 OABC の体積）

$$= 2^3 : 3^3 = _{31} \quad : _{32}$$

（三角錐 OPQR の体積）：81＝₃₃　　：₃₄

三角錐 OPQR の体積は，₃₅　　　（cm³）

THEME 円周角の定理

円周角の定理

下の図で，∠x の大きさを求めなさい。

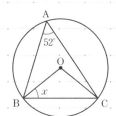

1 $\overset{\frown}{\text{BC}}$ に対する中心角と円周角の関係から，

∠BOC＝2×［01］　°

＝［02］　°

△OBC は OB＝OC の二等辺三角形だから，

∠x＝(180°－［03］　°)÷2＝［04］　°

> **円周角の定理**
> ∠P＝∠Q＝$\dfrac{1}{2}$∠AOB
>

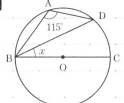

2 点 A と C を結ぶ。

半円の弧に対する円周角は 90°だから，∠BAC＝［05］　°

∠DAC＝115°－［06］　°

＝［07］　°

$\overset{\frown}{\text{DC}}$ に対する円周角だから，

∠x＝∠DAC＝［08］　°

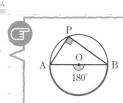

円周角の定理の逆

□ 下の図で，∠x の大きさを求めなさい。

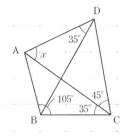

2 点 C，D は直線 AB について同じ側にあって，∠ADB＝∠ACB(＝35°) だから，4 点 A，B，C，D は 1 つの円周上にある。

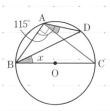

$\overset{\frown}{\text{AD}}$ に対する円周角だから，

∠ABD＝∠ACD＝［09］　°

∠DBC＝105°－［10］

＝［11］　°

$\overset{\frown}{\text{CD}}$ に対する円周角だから，

∠x＝∠［12］　　＝［13］　°

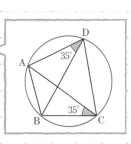

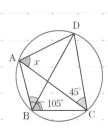

円の接線の作図

□ 下の図で，点 P を通る円 O
の接線を作図しなさい。

P•

（○ O）

💡 半円の弧に対する円周角は 90° であることを利用する。

作図

❶ 2 点 P，O を結ぶ。

❷ 線分 14 ___ の
15 ___ をかき，
PO との交点を M とする。

❸ 点 16 ___ を中心として
半径 PM の 17 ___ をかき，
円 O との交点を A，B と
する。

❹ 直線 PA，18 ___ をかく。

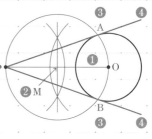

📢 円外の 1 点から，その
円にひいた 2 つの接線
の長さは等しい。

円と三角形の相似

□ 下の図で，△ABC は
AB＝AC の二等辺三角形，
円 O は△ABC の 3 つの頂点
を通る。AB∥DE であると
き，△ACD∽△BDE である
ことを証明しなさい。

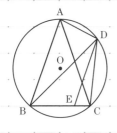

💡 円周角の定理を利用して，等しい角を見つける。

証明

△ACD と△BDE において，
$\overset{\frown}{AD}$ に対する円周角だから，

 ∠ABD＝∠ 19 ___ ……①

AB∥DE で，20 ___ は等しい
から，

 ∠ABD＝∠ 21 ___ ……②

①，②より，

 ∠ACD＝∠ 22 ___ ……③

23 ___ に対する円周角だから，

 ∠ 24 ___ ＝∠EBD ……④

③，④より，25 ___ から，

 △ACD ∽△BDE

↑
三角形の相似条件

📝 等しい角に
同じ印をつけると，
わかりやすい。

THEME 三平方の定理

三平方の定理

□ 下の図で，CD の長さを求めなさい。

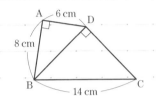

A ——6 cm—— D
8 cm
B ——14 cm—— C

△ABD で，三平方の定理より，

$BD^2 = 8^2 + \boxed{01}^2$　←$BD^2 = AB^2 + AD^2$

$= \boxed{02}$

BD ＞ 0 だから，　←線分の長さは正の数

$BD = \sqrt{\boxed{03}} = \boxed{04}$ （cm）

△BCD で，三平方の定理より，

$CD^2 = \boxed{05}^2 - \boxed{06}^2$　←$CD^2 = BC^2 - BD^2$

$= \boxed{07}$

CD ＞ 0 だから，

$CD = \sqrt{\boxed{08}} = \boxed{09}$ （cm）

重要

三平方の定理

$a^2 + b^2 = c^2$

斜辺 c b a

$a\sqrt{b}$ の形に
直して答える。

三平方の定理の逆

次の長さを 3 辺とする三角形は，直角三角形であるか，直角三角形でないか答えなさい。

□ **1** 4 cm，5 cm，6 cm

□ **2** 2 cm，4 cm，$2\sqrt{5}$ cm

3 辺の長さ a，b，c の間に $a^2 + b^2 = c^2$ の関係が成り立つかを調べる。

1 $a = 4$，$b = 5$，$c = 6$ とすると，

$a^2 + b^2 = 4^2 + 5^2 = \boxed{10}$

$c^2 = 6^2 = \boxed{11}$

$a^2 + b^2 \neq c^2$ だから，

直角三角形で $\boxed{12}$ 。

2 4 と $2\sqrt{5}$ の大小は，$4 \boxed{13}^{\text{不等号}} 2\sqrt{5}$

$a = 2$，$b = \boxed{14}$，$c = \boxed{15}$ とすると，

$a^2 + b^2 = 2^2 + \boxed{16}^2 = \boxed{17}$

$c^2 = (\boxed{18})^2 = \boxed{19}$

$a^2 + b^2 = c^2$ だから，

直角三角形で $\boxed{20}$ 。

三平方の定理の逆
△ABC で，
$a^2 + b^2 = c^2$ ならば，
∠C = 90°

A
c b
B ——a—— C

いちばん長い
辺が斜辺！

特別な直角三角形の 3 辺の比

☐ **1** 1 辺が 5 cm の正方形の対角線の長さを求めなさい。

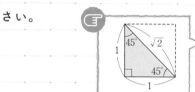

💡 **1** 右の図で，△ABC は 3 つの角が 45°，45°，90° の直角三角形だから，

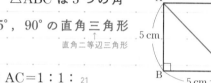

↑ 直角二等辺三角形

AB : BC : AC = 1 : 1 : ___21

これより，

AC = 5 × ___22 = ___23 (cm)

☐ **2** 1 辺が 8 cm の正三角形の高さを求めなさい。

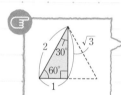

💡 **2** 右の図で，△ABH は 3 つの角が 30°，60°，90° の直角三角形だから，

AB : BH : AH = 2 : 1 : ___24

これより，

AH = 4 × ___25 = ___26 (cm)

円錐の高さと体積

☐ 下の図は円錐の展開図である。この円錐の体積を求めなさい。

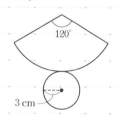

💡 おうぎ形の半径を x cm とする。

おうぎ形の弧の長さ = 底面の円周

より，

$$2\pi x \times \frac{\text{\small 27}}{360} = 2\pi \times 3$$

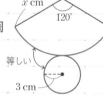

等しい

$$x = \text{\small 28} \quad (\text{cm})$$

よって，円錐は右の図のようになる。

△OAH は直角三角形だから，

$$OH = \sqrt{\text{\small 29}^2 - 3^2}$$

$$= \text{\small 30} \quad (\text{cm})$$

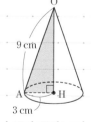

円錐の体積は，

円錐の体積
$= \frac{1}{3} \times$ 底面積 × 高さ

$$\frac{1}{3} \times \pi \times \text{\small 31}^2 \times \text{\small 32} = \text{\small 33} \quad (\text{cm}^3)$$

THEME 標本調査

まだまだ　もう少し　ばっちり

全数調査と標本調査

□ 次の⑦〜①の調査のうち，
全数調査をするものはどれ
か，また，標本調査をする
ものはどれか答えなさい。
⑦テレビの視聴率調査
④学校での健康診断
⑦空港の搭乗口での手荷物
　検査
①冷凍食品の品質の検査

💡 調査の目的や，実際に調査が可能であるかどうかを
考える。

> 全数調査→集団のすべてのものについて調べる調
> 査。
> 標本調査→集団の一部のものについて調べ，その
> 結果から集団全体を推定する調査。

④，⑦は，全員を調査しないと調査の目的が果たせ
ないから，01　　　　調査。
⑦は，すべての世帯を調査することは，費用や手間
がかかり不可能だから，02　　　　調査。
①は，すべての商品を検査すると，売ることができ
なくなるから，03　　　　調査。
これより，全数調査は 04　　　　，05　　　　，
標本調査は 06　　　　，07

母集団と標本

ある町の中学生の通学時間を調
査するために，この町に在住す
る中学生 8326 人の中から 100
人を選び出して，標本調査をし
た。次の問いに答えなさい。
□ 1 この標本調査の母集団
　　と標本を答えなさい。
□ 2 標本の大きさを答えな
　　さい。

💡 標本調査で，調査の対象となる集団全体を母集団と
いう。母集団から取り出した一部分を標本といい，
取り出した資料の個数を標本の大きさという。

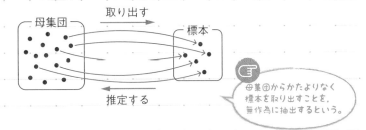

取り出す
母集団　　標本
推定する

☞ 母集団からかたよりなく
標本を取り出すことを，
無作為に抽出するという。

1 母集団は，08
標本は，09
2 標本の大きさは，10　　　　人

標本調査の利用①

袋の中に白玉だけがたくさん入っている。この袋の中に，白玉と同じ大きさの赤玉150個を入れ，よくかき混ぜてから60個の玉を無作為に取り出したら，その中に赤玉が9個入っていた。次の問いに答えなさい。

☐ **❶** 取り出した60個の玉における赤玉と白玉の数の比を求めなさい。

☐ **❷** はじめに袋の中に入っていた白玉はおよそ何個と考えられるか。

❶ 取り出した60個の玉において，赤玉は9個，白玉は，$60-9 = $ ___11___ （個）だから，

$9 : $ ___12___ $ = 3 : $ ___13___   ←簡単な整数の比に直す

  赤玉の数   白玉の数

❷ はじめに袋の中に入っていた白玉を x 個とする。

 袋の中全体の玉（母集団）と取り出した60個の玉（標本）で，赤玉と白玉の割合はおよそ等しい。

$$\text{___14___} : x = 3 : \text{___15___}$$

$$150 \times \text{___16___} = 3x$$ ← $a : b = c : d$ ならば $ad = bc$

$$x = \text{___17___}$$

したがって，白玉はおよそ ___18___ 個。

標本調査の利用②

☐ ある池にいるコイの数を調べるために，コイを45匹捕獲して全部に印をつけて，池にかえした。2週間後，再びコイを75匹捕獲したら，印のついたコイが9匹ふくまれていた。この池にはおよそ何匹のコイがいると推測できるか。十の位までの概数で答えなさい。

2週間後に捕獲した75匹のコイにおいて，印のついたコイと全体のコイの数の比は，

$$9 : 75 = \text{___19___} : \text{___20___}$$

池にいるコイの数を x 匹とする。

 池全体のコイ（母集団）と2週間後に捕獲した75匹のコイ（標本）で，印のついたコイの割合はおよそ等しい。

$$45 : x = \text{___21___} : \text{___22___}$$

$$45 \times \text{___23___} = \text{___24___} \quad x$$

$$x = \text{___25___}$$

> 四捨五入して，十の位までの概数にする！

したがって，コイの数はおよそ ___26___ 匹。

P.43 多項式の計算

01 $3a$　　02 $5a$　　03 $15a^2-40ab$　　04 $3xy$　　05 $-2x-3y$　　06 8　　07 -5　　08 8　　09 -5

10 $x^2+3x-40$　　11 3　　12 3　　13 x^2+6x+9　　14 $5b$　　15 $3a$　　16 $9a^2-30ab+25b^2$

17 $2x$　　18 $7y$　　19 $4x^2-49y^2$　　20 -10　　21 $+21$　　22 -18　　23 $+81$　　24 -10

25 $+21$　　26 $+18$　　27 -81　　28 $8x-60$　　29 5　　30 -2　　31 -24　　32 $5(x+4)(x-6)$

33 $4y$　　34 $4y$　　35 $(3x+4y)^2$　　36 2.5　　37 7.5　　38 2.5　　39 10　　40 5　　41 50

［ポイント］　乗法公式を忘れてしまっても，基本公式 $(a+b)(c+d)=ac+ad+bc+bd$ で展開できる。

因数分解では，まず式の中に共通因数があるかどうかに着目する。さらに，公式を使って因数分解できるかどう

かを考える。

P.45 平方根

01 16　　02 $<$　　03 $>$　　04 $>$　　05 4　　06 5　　07 16　　08 25　　09 $6,\ 7,\ 8$　　10 42

11 25　　12 -5　　13 $3\sqrt{2}$　　14 $2\sqrt{6}$　　15 6　　16 $2\sqrt{5}$　　17 $4\sqrt{5}$　　18 $6\sqrt{5}$　　19 $6\sqrt{3}$

20 $2\sqrt{3}$　　21 $2\sqrt{3}$　　22 $\sqrt{6}$　　23 4　　24 22　　25 $2\sqrt{3}$　　26 $2\sqrt{2}$　　27 $2\sqrt{2}$　　28 $2\sqrt{3}$

29 -4　　30 1.56　　31 2.80

［ポイント］　根号がついた数の計算は，$\sqrt{}$ の中の数を簡単にしてから計算するとよい。$a\sqrt{b}$ の形に直すと，

まとめることができたり乗法公式が利用できたりする。また，分母が根号の数の計算では，必ず分母を有理化す

る。

P.47 2次方程式

01 $\sqrt{5}$　　02 -3　　03 $\sqrt{5}$　　04 5　　05 6　　06 5　　07 6　　08 -5　　09 6　　10 $x+9$　　11 9

12 -9　　13 7　　14 7　　15 5　　16 5　　17 7　　18 49　　19 20　　20 10　　21 -7　　22 29

23 3　　24 3　　25 3　　26 15　　27 5　　28 5　　29 8　　30 -8　　31 -8　　32 $15-x$

33 $20-x$　　34 $15-x$　　35 $20-x$　　36 30　　37 30　　38 15　　39 30　　40 5　　41 5

［ポイント］　2次方程式の文章題では，2次方程式の2つの解のうち，一方は問題にあっているが，他方は問題

にあっていない場合がある。必ず解の検討をして，問題の答えを決めるようにする。

P.49 関数 $y=ax^2$

| 01 | 45 | 02 | -3 | 03 | 5 | 04 | $5x^2$ | 05 | ⑦ | 06 | ㋔ | 07 | ㋒ | 08 | 0 | 09 | 0 | 10 | 4 | 11 | -8 |

| 12 | -8 | 13 | 0 | 14 | 3 | 15 | 5 | 16 | 2 | 17 | 63 | 18 | 63 | 19 | 3 | 20 | 21 | 21 | 9 | 22 | 4 |

| 23 | 9 | 24 | 4 | 25 | $-\dfrac{1}{2}$ | 26 | 6 | 27 | $-\dfrac{1}{2}x+6$ | 28 | 6 | 29 | 18 | 30 | 4 | 31 | 12 | 32 | 18 |

| 33 | 12 | 34 | 30 |

［ポイント］ y が x の2乗に比例する関数の式は $y=ax^2$ $(a\neq0)$　グラフは，原点を通り，y 軸について対称

な放物線で，$a>0$ のとき，x 軸の上側にあり上に開いた形，$a<0$ のとき，x 軸の下側にあり下に開いた形になる。

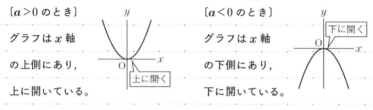

［$a>0$ のとき］

グラフは x 軸

の上側にあり，

上に開いている。

［$a<0$ のとき］

グラフは x 軸

の下側にあり，

下に開いている。

P.51 相似な図形

| 01 | **DE** | 02 | 8 | 03 | 3 | 04 | 4 | 05 | **AC** | 06 | 4 | 07 | 12 | 08 | 16 | 09 | **DAC** | 10 | 3 | 11 | 2 |

| 12 | 4 | 13 | 3 | 14 | 2 | 15 | 2組の辺の比とその間の角がそれぞれ等しい | 16 | **DAC** | 17 | **ADB** |

| 18 | 20 | 19 | 24 | 20 | **CB** | 21 | 36 | 22 | **AD** | 23 | 25 | 24 | 3組の辺の比がすべて等しい | 25 | **ADB** |

| 26 | 対頂角 | 27 | **COB** | 28 | 錯角 | 29 | **BCO** | 30 | 2組の角がそれぞれ等しい | 31 | 1000 | 32 | 2300 |

| 33 | 1.5 | 34 | 24.5 |

［ポイント］ 証明問題で，最もよく利用される三角形の相似条件は「2組の角がそれぞれ等しい」である。平行

線と角，三角形の角の性質などを使って，等しい角を見つけることがポイント。

〔例〕

AB∥CD より，　∠BAE＝∠CDE

対頂角より，　∠AEB＝∠DEC

2組の角がそれぞれ等しいので，△ABE∽△DCE

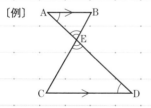

仮定より，　∠ACB＝∠ADE

共通な角より，　∠BAC＝∠EAD

2組の角がそれぞれ等しいので，△ABC∽△AED

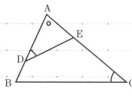

P.53 平行線と線分の比・相似な図形の計量

01 $24-x$　　02 $24-x$　　03 240　　04 15　　05 28　　06 20　　07 20　　08 35　　09 12　　10 12

11 12　　12 18　　13 18　　14 216　　15 8　　16 10　　17 5　　18 4　　19 2　　20 5　　21 2

22 7　　23 3　　24 3　　25 9　　26 20　　27 9　　28 45　　29 2　　30 3　　31 8　　32 27

33 8　　34 27　　35 24

［ポイント］　三角形と比の定理は，下のような形でも成り立つ。

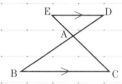

$$AD : AB = AE : AC$$

P.55 円周角の定理

01 52　　02 104　　03 104　　04 38　　05 90　　06 90　　07 25　　08 25　　09 45　　10 45

11 60　　12 DBC　　13 60　　14 PO　　15 垂直二等分線　　16 M　　17 円　　18 PB　　19 ACD

20 錯角　　21 BDE　　22 BDE　　23 $\overarc{CD}$　　24 DAC　　25 2組の角がそれぞれ等しい

［ポイント］　角の大きさを求める問題では，補助線のひき方がポイント。補助線をひいて，円周角の定理や，円と接線の性質を利用する。

〔例〕

補助線をひく

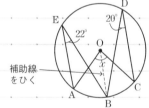

O と B を直線で結ぶと，

$\angle x = \angle AOB + \angle BOC$

　　$= 2 \times 22° + 2 \times 20°$

　　$= 44° + 40° = 84°$

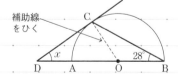補助線をひく

C と O を直線で結ぶと，

$\angle AOC = 2 \times 28° = 56°$

DC は接線だから，$\angle OCD = 90°$

△CDO で，$\angle x = 180° - (56° + 90°) = 34°$

P.57 三平方の定理

01 6 　02 100 　03 100 　04 10 　05 14 　06 10 　07 96 　08 96 　09 $4\sqrt{6}$ 　10 41

11 36 　12 ない 　13 < 　14 4 　15 $2\sqrt{5}$ 　16 4 　17 20 　18 $2\sqrt{5}$ 　19 20

20 ある 　21 $\sqrt{2}$ 　22 $\sqrt{2}$ 　23 $5\sqrt{2}$ 　24 $\sqrt{3}$ 　25 $\sqrt{3}$ 　26 $4\sqrt{3}$ 　27 120 　28 9 　29 9

30 $6\sqrt{2}$ 　31 3 　32 $6\sqrt{2}$ 　33 $18\sqrt{2}\,\pi$

［ポイント］ 直角三角形の3辺の比が整数になる組には，(3，4，5)，(5，12，13)，(8，15，17) などがある。

 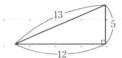 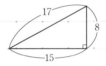

P.59 標本調査

01 全数 　02 標本 　03 標本 　04 ㋑ 　05 ㋒ 　06 ㋐ 　07 ㋓ 　08 この町に在住する中学生

09 選び出した100人の中学生 　10 100 　11 51 　12 51 　13 17 　14 150 　15 17 　16 17

17 850 　18 850 　19 3 　20 25 　21 3 　22 25 　23 25 　24 3 　25 375 　26 380

［ポイント］ 標本と母集団で，資料の平均や特定の集団のしめる割合はほぼ等しい。

THE
LOOSE-LEAF
STUDY GUIDE
3
FOR JHS STUDENTS

中3

理科

SCIENCE

A LOOSE-LEAF COLLECTION
FOR A COMPLETE REVIEW OF ALL 5 SUBJECTS
GAKKEN PLUS

学習内容

物質	学習日	テスト日程
1 水溶液とイオン		
2 化学変化と電池		
3 酸・アルカリとイオン		

生命	学習日	テスト日程
4 生物の成長と細胞分裂		
5 無性生殖と有性生殖		
6 遺伝		
7 生物の多様性と進化		

エネルギー	学習日	テスト日程
8 水圧と浮力		
9 力のはたらきと合成・分解		
10 物体の運動		
11 仕事と仕事率		
12 力学的エネルギー		

地球	学習日	テスト日程
13 銀河系と太陽系		
14 地球の運動と天体の1日の動き		
15 地球の運動と天体の1年の動き		
16 季節の変化		
17 月と惑星		

環境	学習日	テスト日程
18 生態系と食物連鎖		
19 エネルギーと科学技術／環境		
20 持続可能な社会		

TO DO LIST

やることをリストにしよう！重要度を☆で示し，できたら□に印をつけよう。

□ ☆☆☆

□ ☆☆☆

□ ☆☆☆

□ ☆☆☆

THEME 物質 水溶液とイオン

水溶液と電流

💬 固体では，電流は流れないよ。

- [ ] 01 ＿＿＿＿：水に溶かしたときに，電流が流れる物質。

  例 塩化ナトリウム（食塩），塩化銅，塩化水素

- [ ] 02 ＿＿＿＿：水に溶かしても，電流が流れない物質。

  例 エタノール，砂糖

- [ ] 03 ＿＿＿＿：電流を流して，物質を分解すること。

塩化銅水溶液の電気分解

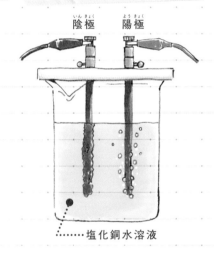

陰極　陽極

塩化銅水溶液

電極	電極のようす
陰極	赤い物質が付着した。 → 04 ＿＿＿＿ ができた。 └ こすると 05 ＿＿＿＿ が出る。（特徴）
陽極	気体が発生した。 → 06 ＿＿＿＿ が発生した。 └ 刺激臭がする。（性質）

塩酸（塩化水素の水溶液）の電気分解

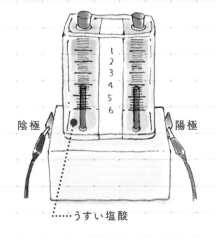

陰極　　　　陽極

うすい塩酸

電極	電極のようす
陰極	07 ＿＿＿＿ が発生した。 └ マッチの火を近づけると音を立てて 08 ＿＿＿＿。（性質）
陽極	09 ＿＿＿＿ が発生した。

⚠ 陽極側にたまる気体が少ないのは，陽極で発生する気体が水にとけやすいから。

原子とイオン

☐ 10 ＿＿＿＿：物質をつくっていて，化学変化では，それ以上分けられない粒子。

☐ 11 ＿＿＿＿：＋の電気をもつ。

名称 12 ＿＿＿＿ と 名称 13 ＿＿＿＿ からできている。

+ は，14 ＿＿＿＿ の電気をもつ。

○ は，電気をもたない。

☐ 15 ＿＿＿＿：－の電気をもつ。

ヘリウム原子

☐ 同じ元素でも中性子の数が異なる原子どうしを，たがいに 16 ＿＿＿＿ という。

イオン

原子が電子を失ったり受け取ったりして，電気を帯びたもの。

☐ 17 ＿＿＿＿：原子が電子を失い，＋の電気を帯びたもの。

☐ 18 ＿＿＿＿：原子が電子を受け取り，－の電気を帯びたもの。

陽イオンのでき方（例 ナトリウム原子）

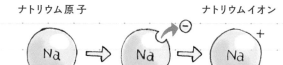

ナトリウム原子 　　　　　　　　　ナトリウムイオン

電気を帯び　　電子を1個　　全体として＋の
ていない。　　失う。　　　　電気を帯びる。

	ナトリウムイオン	Na^+
お も な 陽 イ オ ン	水素イオン	H^+
	銅イオン	Cu^{2+}
	マグネシウムイオン	Mg^{2+}

陰イオンのでき方（例 塩素原子）

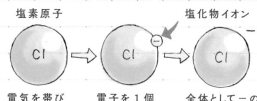

塩素原子 　　　　　　　　　　　　塩化物イオン

電気を帯び　　電子を1個　　全体として－の
ていない。　　受け取る。　　電気を帯びる。

	塩化物イオン	Cl^-
お も な 陰 イ オ ン	水酸化物イオン	OH^-
	炭酸イオン	CO_3^{2-}
	硫酸イオン	SO_4^{2-}

☐ 19 ＿＿＿＿：物質が水に溶けて，イオンに分かれること。

例 塩化水素の電離 　$HCl \longrightarrow H^+ + Cl^-$

化学変化と電池

THEME 物質

☑ まだまだ ☑ もう少し ☑ ばっちり

電池とイオン

○…電池になる ×…電池にならない
・銅板と亜鉛板…○
・亜鉛板とマグネシウムリボン
　… 04
・銅板と銅板… 05

☐ 01 ：物質の化学エネルギーを電気エネルギーに変換してとり出すしくみ。

☐ 02 の水溶液に，03 種類の金属板を入れると，電圧が生じて電池ができる。

⚠ 金属板の組み合わせにより，＋極，－極になる金属は決まっている。電池（化学電池）ではイオンになりやすい金属が 06 になる。

＋極	－極
銅	亜鉛
銅	マグネシウム
亜鉛	マグネシウム

☐ ダニエル電池のしくみ

ピカッ！

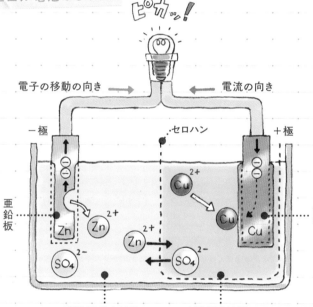

電子の移動の向き → ← 電流の向き

－極　セロハン　＋極

亜鉛板　銅板

硫酸亜鉛水溶液（ZnSO₄）　硫酸銅水溶液（CuSO₄）

❶亜鉛原子が電子2個を失って 07 になり，とけ出す。
❷電子が銅板へ移動する。
❸硫酸銅水溶液中の 08 が電子2個を受けとって，09 になる。

－極　$Zn \rightarrow Zn^{2+} + 2e^-$
亜鉛原子　亜鉛イオン　電子2個

＋極　$Cu^{2+} + 2e^- \rightarrow Cu$
銅イオン　電子2個　銅原子

確認方法 表面がざらつき出す。➡亜鉛が溶け出した。

確認方法 赤色の物質が付着する。➡銅がついた。

身のまわりの電池

充電できない電池

☐ 10 _____：低下した電圧がもとにもどらない電池。

アルカリ・マンガン乾電池
（リモコン）

リチウム電池
（うで時計）

空気亜鉛電池（空気電池）
（補聴器）

充電できる電池

☐ 11 _____：外部から電流を逆向きに流し，低下した電圧を回復できる電池。

ニッケル水素電池
（おもちゃ）

鉛蓄電池
（自動車のバッテリー）

リチウムイオン電池
（スマートフォン）

イオン化傾向

☐ 金属の 12 _____：金属のイオンへのなりやすさのこと。

Na	>	Mg	>	Zn	>	Fe	>	(H)	>	Cu	>	Ag
ナトリウム		マグネシウム		亜鉛		鉄		水素		銅		銀

（水素は金属ではないが，陽イオンになることができるので比較のために加えて示してある）

金属のイオンへのなりやすさ

実験 硝酸銀水溶液に銅を加える

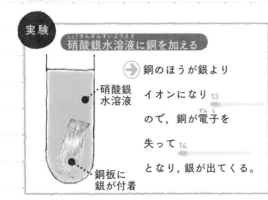

・硝酸銀水溶液

→ 銅のほうが銀よりイオンになり 13 _____ ので，銅が電子を失って 14 _____ となり，銀が出てくる。

・銅板に銀が付着

実験 硫酸銅水溶液に銀を加える

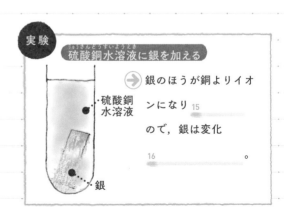

・硫酸銅水溶液

→ 銀のほうが銅よりイオンになり 15 _____ ので，銀は変化 16 _____ 。

・銀

THEME 物質 酸・アルカリとイオン

まだまだ ✓　もう少し ✓　ばっちり ✓

水溶液の性質

水溶液には，酸性・中性・アルカリ性の区別がある。

□ 01
　：水溶液にしたとき，電離して
　水素イオン H^+ を生じる物質。
酸　→　化学式 02 ＿＿　＋　陰イオン

□ 04
　：水溶液にしたとき，電離して
　水酸化物イオン OH^- を生じる物質。
アルカリ　→　陽イオン　＋　化学式 05 ＿＿

実験　塩酸のとき

青色リトマス紙　　塩酸をつけた糸　　食塩水をつけたろ紙

陰極　←（H⁺）（Cl⁻）→　陽極
　　　←（H⁺）（Cl⁻）→

陰極側が赤色に変化した。

→ 塩酸中の 03 ＿＿ イオンが
青色リトマス紙の色を変えた。

実験　水酸化ナトリウム水溶液のとき

赤色リトマス紙　水酸化ナトリウム水溶液をつけた糸　食塩水をつけたろ紙

陰極　←（Na⁺）（OH⁻）→　陽極
　　　←（Na⁺）（OH⁻）→

陽極側が青色に変化した。

→ 水酸化ナトリウム水溶液中の 06 ＿＿
イオンが赤色リトマス紙の色を変えた。

	酸性	中性	アルカリ性
□ 青色リトマス紙	赤くなる	変化なし	変化なし
□ 赤色リトマス紙	変化なし	変化なし	青くなる
□ BTB 溶液	07 ＿＿ 色	08 ＿＿ 色	09 ＿＿ 色
□ フェノールフタレイン溶液	無色	無色	10 ＿＿ 色
□ マグネシウムリボンとの反応	気体名 11 ＿＿ が発生	変化なし	変化なし
□ 電流が流れるか	流れる	流れるものと流れないものがある	流れる
□ 12 ＿＿（酸性やアルカリ性の強さの程度）	7より 13 ＿＿	7	7より 14 ＿＿

酸とアルカリの反応

□ 15 ＿＿＿：酸の水素イオンとアルカリの水酸化物イオンが結びついて，水を生じる
ことにより，たがいの性質を打ち消し合う反応。

水素イオン ＋ 水酸化物イオン → 水

$(H)^+$ $(O)(H)^-$

化学反応式 ＿＿＿ ＋ → 16

□ 17 ＿＿＿：酸の陰イオンとアルカリの陽イオンが結びついてできた物質。

| 酸の陰イオン | ＋ | アルカリの陽イオン | → | 塩 |

例 Cl^- ＋ Na^+ → $NaCl$

酸：HCl　　アルカリ：$NaOH$

例 SO_4^{2-} ＋ Ba^{2+} → $BaSO_4$

酸：H_2SO_4　　アルカリ：$Ba(OH)_2$

・塩化ナトリウム $NaCl$ は
水に溶けやすい塩。
→ 水を蒸発させると得
られる。
・硫酸バリウム $BaSO_4$ は
水に溶けにくい塩。
→ 白い沈殿ができる。

□ 中和は発熱反応で，中和により塩と水ができる。

○ ＋ ● 発熱→ 塩 ＋ 水

酸　　　アルカリ

□ 塩酸と水酸化ナトリウム水溶液の中和

BTB溶液を加えた塩酸に水酸化ナトリウム水溶液を加えていくと，中和が起こり，

塩（水に溶けた $NaCl$）と水ができる。水溶液の色は黄色→緑色→青色と変化していく。

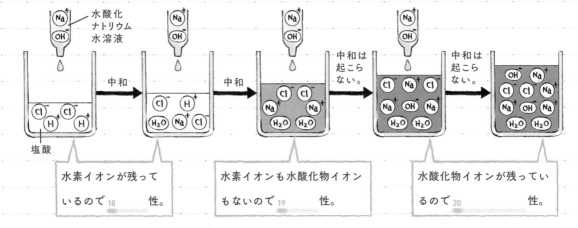

水素イオンが残って
いるので 18 ＿＿ 性。

水素イオンも水酸化物イオン
もないので 19 ＿＿ 性。

水酸化物イオンが残ってい
るので 20 ＿＿ 性。

THEME 生命 生物の成長と細胞分裂

根ののび方

観察 タマネギ

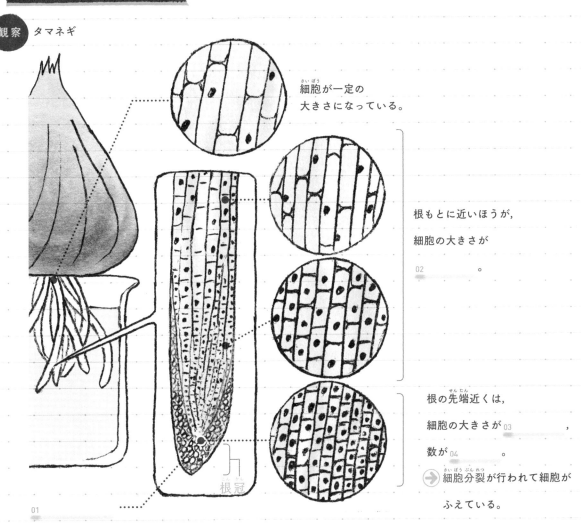

細胞が一定の
大きさになっている。

根もとに近いほうが,

細胞の大きさが

02 _____ 。

根の先端近くは,

細胞の大きさが 03 _____ ,

数が 04 _____ 。

→ 細胞分裂が行われて細胞が

ふえている。

根冠

01 _____

□ 根の先端付近では, 05 _____ がさかんに行われており, 根がよくのびる。

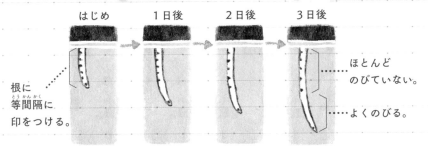

はじめ　　1日後　　2日後　　3日後

根に
等間隔に
印をつける。

ほとんど
のびていない。

よくのびる。

THEME 生物の成長と細胞分裂

細胞分裂

観察 ❶タマネギの種子を発芽させ，根の先端を切りとる。

❷根をうすい 06 _____ に入れてあたためる。

➡ 1つ1つの細胞が離れやすくなる。

⚠ 垂直に押す。

❼顕微鏡で 観察する。

湯

スライドガラス

❸柄つき針で 軽くつぶす。

❹染色液（酢酸オ ルセインまたは 07 _____ ） を落とす。 ➡ 08 _____ と染色体が染まる。

❺カバーガラスを かける。

❻ろ紙をかぶせて， 根を押しつぶす。 ➡ 細胞の重なり を少なくする。

細胞分裂のようす

▼染色体が複製される。　▼染色体が中央付近に集まる。　▼核の形ができ，しきりができはじめる。

▼核の形が消 え，染色体が 見えてくる。

▼染色体が分 かれて両端に 移動する。

2個の細胞が それぞれ大きくなる。

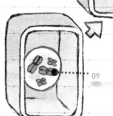　09 _____

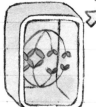

2個の細胞が できる。▶

10 _____ ：からだをつくる細胞の分裂。染色体の数は分裂前後で変わらない。

成長のしくみ

①細胞分裂によって細胞の 11 _____ がふえる。

②それぞれの細胞の大きさが 12 _____ 。

➡ からだが成長する。

THEME　生命　**無性生殖と有性生殖**

□ まだまだ　□ もう少し　□ ばっちり

生殖

□ 01　　　　：生物が自分と同じ種類の新しい個体（子）をつくること。

□ 02　　　　：親のからだの一部が分かれて子になる生殖。受精を行わない。

ミカヅキモ

からだが2つに
分かれる（分裂）。

ヒドラ

からだの一部がふ
くらみ,分かれる。

サツマイモ

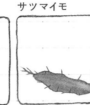

いもから芽や根が
出る。

オニユリ

むかごが地面に落
ち,芽を出す。

オランダイチゴ

のびた茎の先に葉や根
が成長して,分かれる。

□ 03　　　　：植物がからだの一部か
ら新しい個体をつくる無性生殖。

□ 04　　　　：雄と雌の生殖細胞の受精によって子をつくる生殖。
　　　　生殖のための細胞。動物では卵と精子,植物では卵細胞と精細胞。

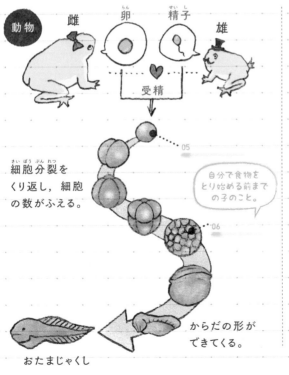

動物　雌　卵　精子　雄

受精

細胞分裂を
くり返し,細胞
の数がふえる。

□ 05

自分で食物を
とり始める前まで
の子のこと。

□ 06

からだの形が
できてくる。

おたまじゃくし

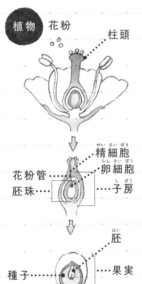

植物　花粉　柱頭

花粉がめしべの柱頭に
つくと,胚珠に向かっ
て 07　　　　をのば
す。

精細胞
花粉管　卵細胞
胚珠　　子房

花粉管の中を
08　　　　が移動
し,卵細胞と受精して,
受精卵ができる。

胚
種子　　果実

受精卵は細胞分裂をく
り返して胚になり,胚
珠全体は種子に,子房
は果実になる。

□ 09　　　　：受精卵から胚を経て成体（生殖可能な個体）になるまでの過程。

染色体の受けつがれ方

□ 体細胞分裂：からだが成長するときの体細胞の分裂のこと。染色体の数が分裂前後で同じ。

□ 　10　　：生殖細胞ができるときの特別な細胞分裂のこと。染色体の数がもとの細胞の 11 　　　になる。

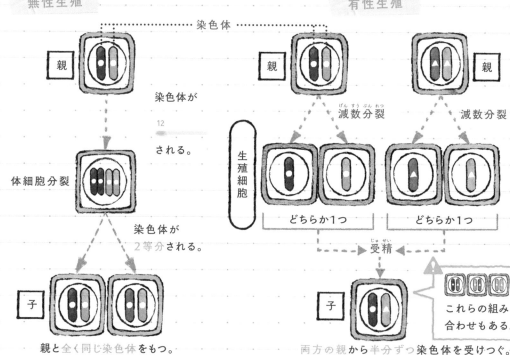

無性生殖　　　　　　　　　　　　　　　有性生殖

親　　　　　　　　　　　　　親　　　　　　　　親

────染色体────

染色体が 12 　　される。

減数分裂　　　　減数分裂

体細胞分裂

生殖細胞

どちらか1つ　　どちらか1つ

染色体が2等分される。

受精

子　　　　　　　　　　　　　子

これらの組み合わせもある。

親と全く同じ染色体をもつ。　　両方の親から半分ずつ染色体を受けつぐ。

どちらの親とも同じではないね。

	体細胞分裂	減数分裂
できる細胞	13 　　細胞	14 　　細胞
分裂後の染色体の数（分裂前と比べて）	15	16 　　になる

□ 　無性生殖・有性生殖と染色体

無性生殖： 17 　　分裂によって子がつくられる。

➡ 子は，親の染色体をそのまま受けつぐ。

『クローン』というよ。

有性生殖：受精によって受精卵ができる。

➡ 子は，両方の親から染色体を半分ずつ受けつぐ。

THEME　生命　**遺伝**

遺伝の規則性

☐ 01 ＿＿＿＿＿＿：生物のからだの特徴となる形や性質。

　┗ ☐ 02 ＿＿＿＿＿：どちらか一方だけが現れる形質どうし。

　┣ ☐ 03 ＿＿＿＿＿：対立形質をもつ 04 ＿＿＿＿＿どうしをか

　　　　け合わせたとき，子に現れる形質。

　┗ ☐ 05 ＿＿＿＿＿：対立形質をもつ純系どうしをかけ合わせ

　　　　たとき，子に現れない形質。

> 親，子，孫と世代を重ねても，形質がすべて親と同じであるもの。

例 エンドウの場合

形質		種子の形	草たけ	花のつき方	さやの色
対立形質	顕性形質	丸	高い	葉のつけ根	緑色
	潜性形質	しわ	低い	茎の先端	黄色

☐ 06 ＿＿＿＿＿：親の形質が子やそれ以後の世代に現れること。

　┗ ☐ 07 ＿＿＿＿＿：形質を表すもとになるもの。細胞の核内の染色体にある。

　　　　遺伝子の本体は 08 ＿＿＿＿＿。

　　　　┗ デオキシリボ核酸の英語名（Deoxyribonucleic acid）の略称。

DNA

☐ 遺伝子の表し方

アルファベットを用いて，顕性形質の遺伝子は大文字，

潜性形質の遺伝子は小文字で表すことが多い。

例 A と a，R と r など。

➡ 遺伝子は対になっているので，

顕性形質の純系の遺伝子の組み合わせが AA のと

き，潜性形質の純系の遺伝子の組み合わせは

09 ＿＿＿＿＿と表される。

染色体

☐ 10 ＿＿＿＿＿：ある生物に別の生物の遺伝子を組みこんで，その生物の遺伝子を

変化させること。農業や医療で利用されている。

エンドウの種子の形の遺伝

☐ メンデルの実験

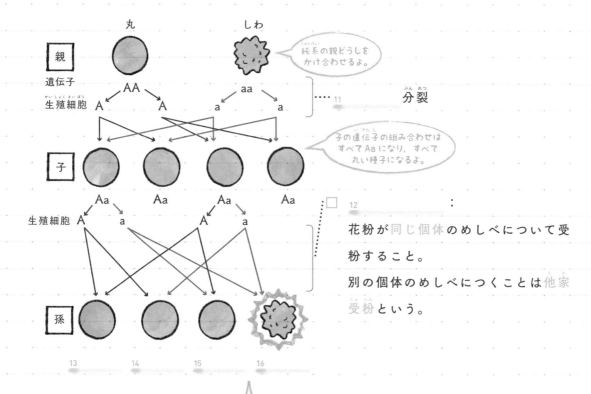

丸　　　　　しわ

親

遺伝子
生殖細胞

AA → A　A　aa → a　a

純系の親どうしを
かけ合わせるよ。

……11　　　分裂

子の遺伝子の組み合わせは
すべて Aa になり，すべて
丸い種子になるよ。

子

Aa　Aa　Aa　Aa

生殖細胞　A　a　　A　a

☐　12　　　　　　　　　:

花粉が同じ個体のめしべについて受

粉すること。

別の個体のめしべにつくことは他家

受粉という。

孫

13　　14　　15　　16

孫の代の種子の数の比　丸：しわ＝17

→ 孫の代の種子 6000 個中，しわのある種子は 18　　　個と考えられる。

☐　メンデルの遺伝の法則

分離の法則　生殖細胞ができるとき，減数分裂で対になっている遺伝子が別々の生

殖細胞に入ること。

THEME　生命　**生物の多様性と進化**

進化

☐ 01　：生物が長い時間をかけて世代を重ねる間に，形質が変化すること。その結果，多様な生物が生まれた。

進化の証拠

☐ 02　：約1億5千万年前の地層から発見された化石から復元された動物。

口には 03　がある。翼の先には 04　がある。

・・・・・・・・・・・・・・・・・・・・・・・ 05　類の特徴

復元図

前あしが 06　になっていて，07　がある。

・・・・・・・・・・・・・・・・・・・・・・・ 08　類の特徴

鳥類は 09　類から進化したと考えられる。

☐ 10　：形やはたらきがちがっていても，基本的なつくりが同じで，起源が同じものであったと考えられる器官。

脊椎動物の前あし

シーラカンス　カエル　ワニ　スズメ　イヌ　クジラ　ヒト

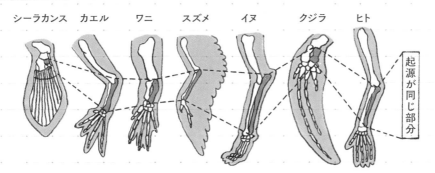

起源が同じ部分

THEME 生物の多様性と進化

脊椎動物の化石が発見される地質年代

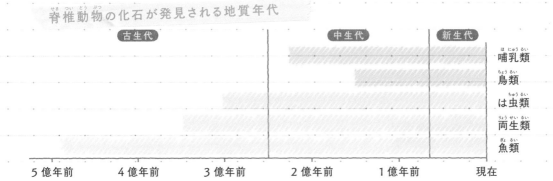

古生代		中生代	新生代	

哺乳類
鳥類
は虫類
両生類
魚類

5億年前　4億年前　3億年前　2億年前　1億年前　現在

☐ 魚類の化石が最も古い地層から出現し，両生類，11　　　　　　　類，12　　　　　　　類，

鳥類の順に新しい地層に出現するようになる。

➡ 水中の生活をする動物のグループから陸上の生活をする動物のグループへと進化した。

植物の進化の道すじ

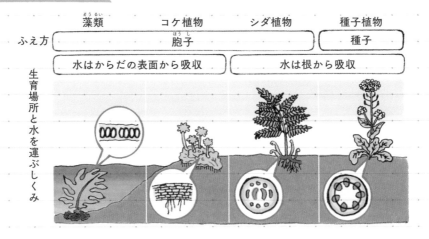

藻類　　コケ植物　　シダ植物　　種子植物

ふえ方　　　　　　　胞子　　　　　　　種子

水はからだの表面から吸収　　　水は根から吸収

生育場所と水を運ぶしくみ

☐ 海水中に出現した生物の祖先から，藻類が進化し，13　　　　　　　，14

と進化し，やがて 15　　　　　　　が現れた。

➡ 水を運ぶしくみ，ふえ方などから，水中の生活をする生物のグループから，陸上の
生活をする植物のグループへと進化したと考えられる。

☐ 種子植物のうち，16　　　　　　　が先に現れ，その後 17　　　　　　　へ進化した。

THEME エネルギー 水圧と浮力

☑ まだまだ ☑ もう少し ☑ ばっちり

水圧

☐ 01 ＿＿＿＿＿：水の重さによって生じる圧力。

☐ 水圧の単位：圧力の単位（Pa，hPa，N/m²）を使う。

☐ 水圧のはたらき方：

　・物体の面に垂直にはたらく。

　・あらゆる向きからはたらく。

　・同じ深さでは，水圧の大きさは 02 ＿＿＿＿＿。

　・深いところほど水圧の大きさは 03 ＿＿＿＿＿なる。

穴のあいた容器

穴の位置が低く，
水面から深いほど，
水は勢いよく
流れ出る。

水 →

☐ 水の深さとゴム膜のへこみ方の関係

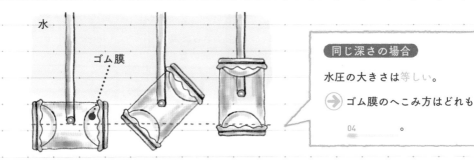

水

ゴム膜

同じ深さの場合

水圧の大きさは等しい。

➡ ゴム膜のへこみ方はどれも

04 ＿＿＿＿＿。

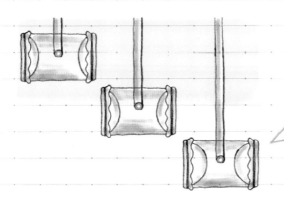

深さを変えた場合

深くなるほど，

水圧の大きさは大きくなる。

➡ ゴム膜のへこみ方は深くなるほど

05 ＿＿＿＿＿なる。

No.

Date

理科
SCIENCE

THE LOOSE-LEAF STUDY GUIDE GAKKEN PLUS

LOOSE-LEAF COLLECTION
3

THEME 水圧と浮力

浮力

☐ 06 ＿＿＿＿：水中の物体が受ける
上向きの力。

☐ 浮力の原因：水中の物体の上面に
はたらく水圧と底面
にはたらく水圧の大
きさのちがいによる。

物体の上面に
はたらく水圧 **小**

物体は上向
きの力を受
ける＝浮力

物体の底面に
はたらく水圧 **大**

☐ 浮力のはたらき方：物体の水中にある部分の体積が大きいほど，浮力は大きい。

（浮力の大きさは深さとは関係しない。）

☐ 浮力の大きさの
求め方

浮力の大きさ〔N〕＝物体の空気中での重さ〔N〕－水中での重さ〔N〕

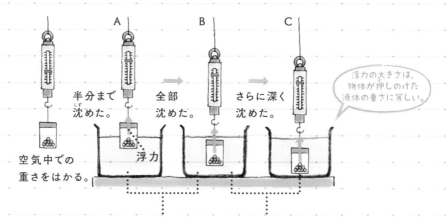

A

B

C

半分まで
沈めた。

全部
沈めた。

さらに深く
沈めた。

浮力の大きさは，
物体が押しのけた
液体の重さに等しい。

空気中での
重さをはかる。

浮力

A と B では，B のほうが浮力の
大きさは 07 ＿＿＿＿＿。

B と C では，浮力の大きさは
08 ＿＿＿＿＿。

☐ 浮力と重力

物体全体を水に入れたとき，

・浮力の大きさ＞重力の大きさ

➡ 物体は水に 09 ＿＿＿＿。

・浮力の大きさ＜重力の大きさ

➡ 物体は水に 10 ＿＿＿＿。

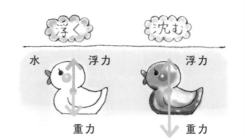

浮く

沈む

水　浮力

浮力

重力

重力

THEME エネルギー 力のはたらきと合成・分解

力の合成

- ☐ 01 ＿＿＿＿：2つの力と同じはたらきをする1つの力。
- ☐ 02 ＿＿＿＿：合力を求めること。
- ☐ 合力の求め方

2力が一直線上にあるとき

2力の向きが同じ

O ●＝＝＝力 B＝＝＝→ 合力
　　力 A

合力の向き…2力と同じ

　　大きさ…2力の大きさの 03

2力の向きが逆

　　　　　O　　　合力
←＝＝＝＝＝＝●＝＝＝＝＝＝＝→
　力 A　　　　　　　　力 B

合力の向き…大きいほうの力の向き

　　大きさ…2力の大きさの 04

2力が一直線上にないとき

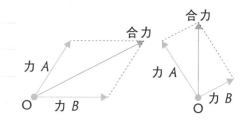

合力の向きと大きさ…

2力を2辺とする 05 ＿＿＿＿＿ の

対角線の向きと長さ

力の分解

- ☐ 06 ＿＿＿＿：1つの力を同じはたらきをする 2つの力（分力）に分ける こと。
- ☐ 07 ＿＿＿＿：分解して求めた力。

- ☐ 分力の求め方

力 F を，点線 X，Y の2方向に分解する。

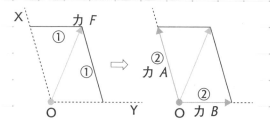

① 力 F が 08 ＿＿＿＿ となる平行四辺形をかく。

② 力 A，力 B が分力となる。

斜面上の物体にはたらく力の分解

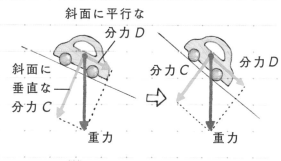

斜面の傾きを大きくすると，

斜面に垂直な分力は 09 ＿＿＿＿ なり，

斜面に平行な分力は 10 ＿＿＿＿ なる。

力のつり合い

☐ 1つの物体に2つ以上の力がはたらいていて，その物体が動かないとき，物体にはたらいている力は 11 [　　　　] という。

2力がつり合う条件

❶ 2力の大きさが 12 [　　　　]。

❷ 2力の向きが 13 [　　　　]。

❸ 2力が 14 [　　　　] にある。

> この3つの条件のどれかが欠けると，2力はつり合わない。

3力のつり合い

3力がはたらく物体が静止しているとき，となり合う2力の合力と残りの力がつり合っている。

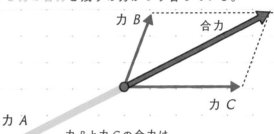

力 B　合力

力 A

力 C

力 B と力 C の合力は，15 [　　　　] とつり合っている。

力のおよぼし合い

☐ 力は，2つの物体間で対になってはたらく（作用・反作用の法則）。

A が B に力（作用）を加えると，A は B から力（16 [　　　　]）を受ける。

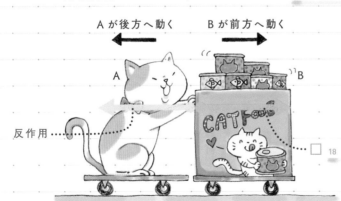

A が後方へ動く　　B が前方へ動く

A

B

反作用……

☐ 18

作用と反作用の関係

❶ 大きさが等しい。

❷ 向きが 17 [　　　　]。

❸ 一直線上にある。

☐ ⚠ 『つり合う2力』は1つの物体にはたらき，『作用・反作用』は2つの物体間で対になってはたらく。

THEME エネルギー 物体の運動

運動のようす

- [ ] 運動のようすは，速さと運動の向きで表される。
- [ ] 01 ＿＿＿＿＿＿：単位時間あたりに物体が移動した距離。

$$速さ〔m/s〕＝\frac{移動距離〔m〕}{かかった時間〔s〕}$$

- [ ] 02 ＿＿＿＿＿
  ：物体がある区間を同じ速さ
  で移動したと考えて求めた
  速さ。
- [ ] 03 ＿＿＿＿＿
  ：物体がある点を通過すると
  きの速さ。

力がはたらく運動

- [ ] 斜面を下る物体の運動

  運動の向きに一定の大きさの力がはたらき続ける。

  → 速さが一定の割合で 04 ＿＿＿＿＿。

  斜面の傾きが大きくなると，速さが増加する割合が 05 ＿＿＿＿ なる。

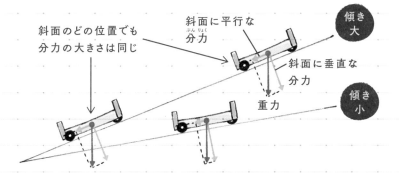

斜面のどの位置でも分力の大きさは同じ

斜面に平行な分力

斜面に垂直な分力

重力

傾き大

傾き小

※１秒間に50打点の記録テープ

傾き大

傾き小

0.1秒間の移動距離〔cm〕

時間〔s〕

- [ ] 06 ＿＿＿＿＿：静止していた物体が真下に落下する運動。

90°

重力

- [ ] 斜面を上る物体の運動

  運動の向きと反対の向きに力がはたらき続ける。

  → 速さが 07 ＿＿＿＿＿。

運動の向き

物体にはたらく重力の斜面に平行な分力

減速しながら斜面を上り，一瞬静止したあと，斜面を下り始める。

力がはたらかないときの運動

☐ **等速直線運動**

08 ＿＿＿＿＿：速さが一定で，一直線上を進む運動。

等速直線運動中の物体にはまったく力が 09 ＿＿

か，はたらいている力がつり合っている。

時間と速さとの関係を表すグラフ **時間と移動距離との関係を表すグラフ**

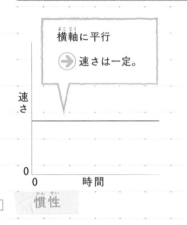

横軸に平行
➡ 速さは一定。

速さ

0 ┘ 時間

原点を通る直線
➡ 移動距離は時間に
10 ＿＿＿＿ する。

移動距離

0 ┘ 時間

グラフの傾きは
速さを表すよ。

☐ **慣性**

11 ＿＿＿＿

：物体に力がはたらかないときや，はたらいている力がつり合っているとき，静止して
いる物体は静止を続け，運動している物体は等速直線運動を続ける。

発車
乗客は静止を続けようとする。
➡ 12 ＿＿＿＿ へ傾く。

停車
乗客は運動を続けようとする。
➡ 13 ＿＿＿＿ へ傾く。

☐ 14 ＿＿＿＿：すべての物体がもつ，そのままの運動の状態を続けようとする性質。

THEME エネルギー 仕事と仕事率

まだまだ　もう少し　ばっちり

仕事と仕事率

☐ 物体に力を加えて，力の向きに動かしたとき，力は物体に対して
01 ＿＿＿をしたという。

> ニュートン（N）
> ：力の大きさを表す単位。
> 1N は質量 100g の物体に
> はたらく重力の大きさとほぼ同じ。

仕事の大きさを表す単位はジュール（記号 J）。

仕事〔J〕＝ 02 ＿＿＿ の大きさ〔N〕×力の向きに動かした 03 ＿＿＿〔m〕

仕事をした

重力にさからってする仕事

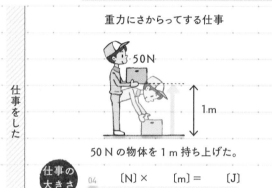

50N

1m

50 N の物体を 1 m 持ち上げた。

仕事の大きさ 04 ＿＿＿〔N〕× ＿＿＿〔m〕＝ ＿＿＿〔J〕

摩擦力にさからってする仕事

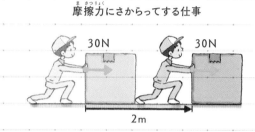

30N　30N

2m

30 N の力で 2 m 動かした。

仕事の大きさ 05 ＿＿＿〔N〕× ＿＿＿〔m〕＝ ＿＿＿〔J〕

仕事をしていない

物体が動かない

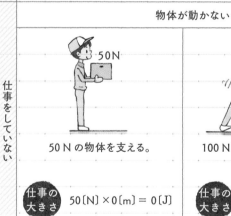

50N

50 N の物体を支える。

仕事の大きさ 50〔N〕× 0〔m〕＝ 0〔J〕

100 N の力を加えても動かない。

仕事の大きさ 100〔N〕× 0〔m〕＝ 0〔J〕

力の向きと移動の向きがちがう

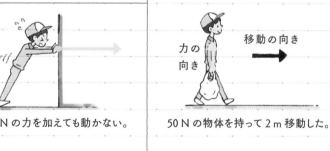

力の向き　移動の向き

50 N の物体を持って 2 m 移動した。

仕事の大きさ 50〔N〕× 0〔m〕＝ 0〔J〕

または，0〔N〕× 2〔m〕＝ 0〔J〕

☐ 06 ＿＿＿：単位時間（1 秒間）あたりにする仕事の大きさ。単位はワット（記号 W）。

$$仕事率〔W〕＝\frac{仕事〔J〕}{仕事にかかった\ 07 ＿＿＿〔s〕}$$

例 100 N の物体を 10 秒かけて 2 m 持ち上げるときの仕事率

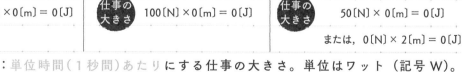

仕事＝ 100〔N〕× 2〔m〕＝ 200〔J〕　08 仕事率＝ ＿＿＿〔J〕÷ ＿＿＿〔s〕＝ ＿＿＿〔W〕

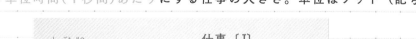

仕事の原理

	直接持ち上げる	動滑車を使う	斜面を使う

50 N の物体を高さ 0.8 m まで持ち上げる。

斜面に平行な重力の分力
25N
25N
重力の斜面に垂直な分力
1.6 m
0.8 m
30°
重力 50N

	直接持ち上げる	動滑車を使う	斜面を使う
仕事の大きさ	40 J	40 J	40 J
力の大きさ	50 N	09 　　 N	25 N
ひもを引く距離	持ち上げた高さ 0.8 m	10 　　 m	1.6 m

> 力が半分になると, 距離は2倍になるからだね。

□ てこを使って物体を持ち上げる

10kg
1m
0.5m
100N

> （作用点から支点の長さ）：（力点から支点の長さ）
> 　　　　　　＝ 1：2　なので,
> 物体の重さ：力点を押す力＝2：1より,
> 人がてこを押す力は 11 　　 N

物体がされた仕事
100〔N〕× 0.5〔m〕= 50〔J〕

人がした仕事
12 　　 〔N〕× 　　 〔m〕= 　　 〔J〕

仕事の大きさは同じ。

□ 13 　　 ：道具を使うと，力の大きさを小さくできるが，動かす距離が
14 　　 なるため，仕事の大きさは変わらない。

THEME エネルギー **力学的エネルギー**

まだまだ もう少し ばっちり

位置エネルギーと運動エネルギー

□ 01 ：物体がもつほかの物体に 仕事をする能力。

単位はジュール（記号 J）。

□ 02 ：高いところにある物体がもっているエネルギー。

❶物体の位置が 03 ほど大きい。

❷物体の質量が 04 ほど大きい。

実験
金属球の高さと質量を変える。

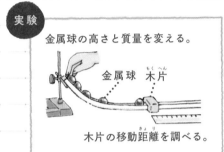

金属球　木片

木片の移動距離を調べる。

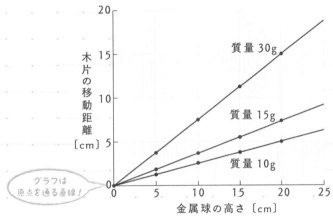

木片の移動距離〔cm〕／金属球の高さ〔cm〕　質量 30g　質量 15g　質量 10g

グラフは
原点を通る直線！

□ 05 ：運動している物体がもっているエネルギー。

❶物体の速さが 06 ほど大きい。

❷物体の質量が 07 ほど大きい。

実験
金属球の速さと質量を変える。

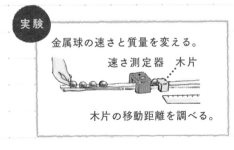

速さ測定器　木片

木片の移動距離を調べる。

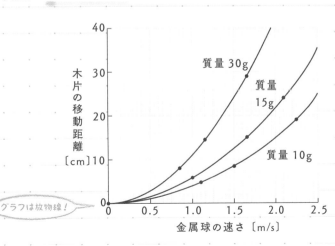

木片の移動距離〔cm〕／金属球の速さ〔m/s〕　質量 30g　質量 15g　質量 10g

グラフは放物線！

理科
SCIENCE

THEME 力学的エネルギー

力学的エネルギーの保存

☐ 08 ＿＿＿＿＿：位置エネルギーと運動エネルギーの和。

☐ 09 ＿＿＿＿＿：位置エネルギーと運動エネルギーはたがいに移り変わ

るが，その 10 ＿＿＿ は一定に保たれる。

⚠ 摩擦や空気の 11 ＿＿＿ がある場合は，力学的エネルギーは保存されない。

斜面を下る運動

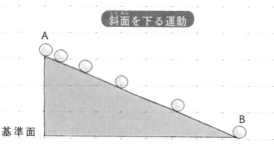

高さがしだいに低くなる。
速さがしだいに大きくなる。

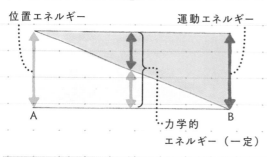

位置エネルギー　　　　運動エネルギー

力学的
エネルギー（一定）

	A	→	B
位置エネルギー	最大	減少	最小 (0)
運動エネルギー	最小 (0)	12	13

ふりこの運動

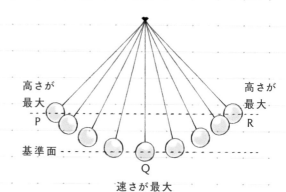

高さが最大　　　　　　　　　　高さが最大
P　　　　　　　　　　　　　　　　　　R
基準面
Q

速さが最大

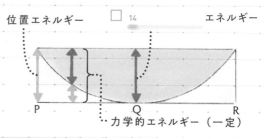

位置エネルギー　　☐ 14 ＿＿＿ エネルギー

力学的エネルギー（一定）

	P	→	Q	→	R
位置エネルギー	最大	減少	最小 (0) 15	16	
運動エネルギー	最小 (0)	増加	最大	減少	最小 (0)

THEME　地球　銀河系と太陽系

まだまだ　もう少し　ばっちり

銀河系と太陽系

☐ 宇宙には，太陽のような恒星や，恒星の集団である銀河と呼ばれる天体が無数にある。
　　└─自ら光を出す天体

銀河系

☐ 01
　：太陽系をふくむ，約 1000 億～
　　2000 億個の恒星からなる大集団。
　　星団（恒星の集団）や星雲（雲のよ
　　うなガスの集まり）もふくまれる。

☐ 02
　：銀河系の外に無数にある，銀河系
　　のような恒星の集まり。

太陽系

☐ 03
　：太陽とそのまわりを公転する天体の集まり。

天体	特徴
☐惑星	04 …小型で密度が大きい。（水星，金星，地球，火星） 05 …大型で密度が小さい。（木星，土星，天王星，海王星）
☐ 06	惑星のまわりを公転する天体。 例 月，木星のイオ
☐ 07	おもに火星と木星の間を公転する多数の小さな天体。
☐すい星	氷やちりが集まってできた天体。太陽に近づくと尾を引く。
☐太陽系外縁天体	海王星の外側を公転する小さな天体。 例 冥王星，エリス

銀河系
想像図
約 10 万光年
太陽系
の位置

太陽系

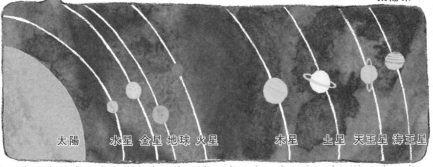

太陽　　水星 金星 地球 火星　　　　木星　　土星 天王星 海王星

☐ 地球型惑星：表面はおもに 08 ，
　中心部は金属でできている。

☐ 木星型惑星：おもに 09 　　　やヘリウム
　などでできている。

理科
SCIENCE

No.

Date

LOOSE-LEAF STUDY GUIDE
GAKKEN
PLUS+

LOOSE-LEAF COLLECTION
3

THEME 銀河系と太陽系

太陽

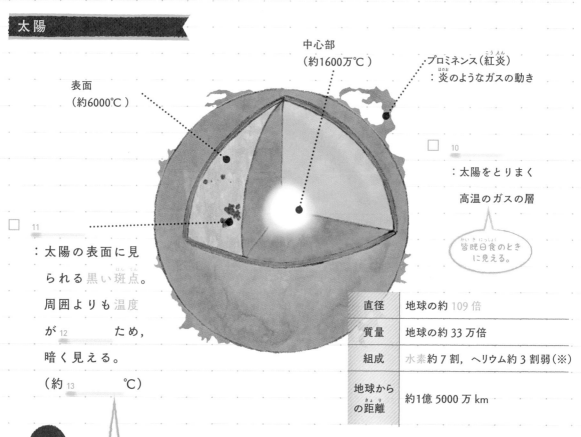

中心部
（約1600万℃）

表面
（約6000℃）

プロミネンス（紅炎）
：炎のようなガスの動き

□ 10

：太陽をとりまく

高温のガスの層

皆既日食のとき
に見える。

□ 11

：太陽の表面に見
られる黒い斑点。
周囲よりも温度
が 12　　　ため，
暗く見える。
（約 13　　　℃）

直径	地球の約 109 倍
質量	地球の約 33 万倍
組成	水素約 7 割，ヘリウム約 3 割弱（※）
地球からの距離	約1億 5000 万 km

観察

方法

天体望遠鏡に太陽投影板をとりつけ，投影板
に太陽の像をうつす。

わかること

□ 太陽の像が 14　　　の方向へずれ動いていく。

→ 地球は, 15　　　している。

□ 黒点が位置を変える。

→ 太陽は 16　　　している。

□ 中央部では円形の黒点が周辺部にくると
横に縮んだ円形になる。

→ 太陽は 17　　　である。

黒点の移動

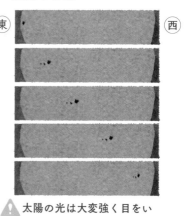

東　　　西

⚠ 太陽の光は大変強く目をい
ためるので，肉眼や望遠鏡
で直接見てはいけない。

※質量比で水素 70.9％，ヘリウム 27.4％程度と推測される。（NASA）

THEME 地球 地球の運動と天体の1日の動き

✓ まだまだ　✓ もう少し　✓ ばっちり

地球の自転

> 1回転するのにかかる時間を自転周期という。（地球の自転周期は1日）

☐ 01 ＿＿＿：地球の北極と南極を結ぶ軸。

公転面に対して垂直な方向から約 23.4° 傾いている。

☐ 地球の 02 ＿＿＿：地球が，地軸を中心として，西から東へ1日に1回転する運動。

太陽の1日の動き

> 地球の自転の向きと逆向き。

☐ 太陽の 03 ＿＿＿：地球の 04 ＿＿＿ によって生じる太陽の1日の見かけの動き。

⚠ 東から西へ1日（24時間）に1回転する。

1時間では15°動くように見える。

☐ 05 ＿＿＿：天体が天の子午線を通過すること。天体が真南にくる。

このときの天体の高度を南中高度といい，最も高い。

☐ 06 ＿＿＿：北－天頂－南を結ぶ線

☐ 07 ＿＿＿：観測者の真上の点

☐ 08 ＿＿＿：星がはりついているように見える大空を，非常に大きな球面の天井と考えたもの。

> 太陽が南中したときが正午だよ。

☐ 09 ＿＿＿

南中

太陽の通り道

日の入り
西

南

北

日の出

（春分・秋分のころ）　東

観察　（春分・秋分のころ）

☐ 透明半球上の太陽の日周運動の記録

1時間ごとに，ペン先の影を円の 10 ＿＿＿ に合わせて印をつける。

12:00　13:00
11:00　14:00
10:00　15:00
9:00　16:00
8:00　西
南　　　　　北
中心
東
日の入りの位置
日の出の位置

●印の間隔が等しい。

➡ 太陽は一定の速さで動く。

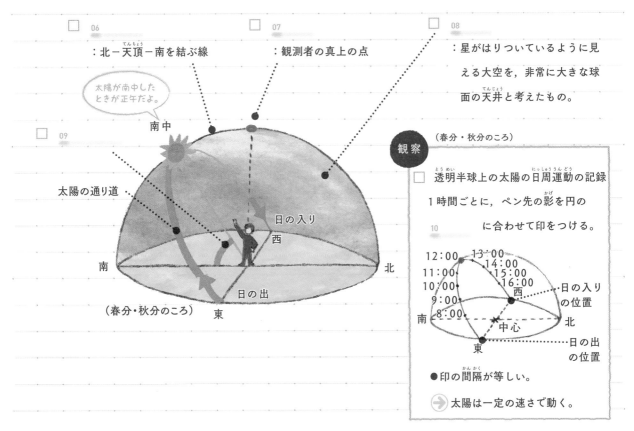

星の1日の動き

☐ 11 星の　　　　：地球の自転によって生じる星の1日の見かけの動き。

⚠ 東から西へ1時間に約15°動くように見える。

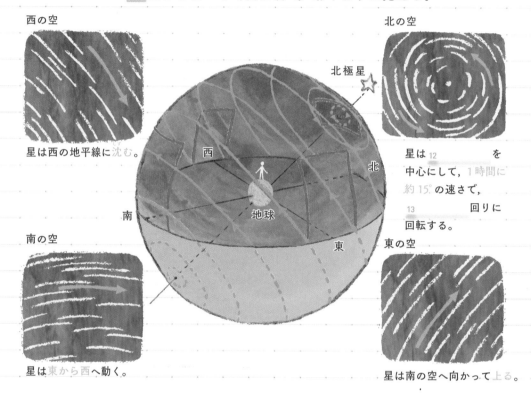

西の空
星は西の地平線に沈む。

北の空
星は 12　　　　を中心にして，1時間に約15°の速さで，13　　　　回りに回転する。

南の空
星は東から西へ動く。

東の空
星は南の空へ向かって上る。

オリオン座の1日の動き

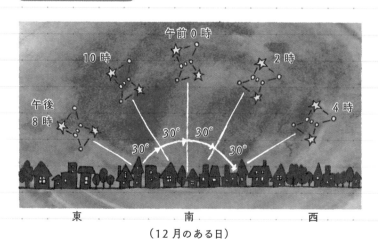

（12月のある日）

カシオペヤ座の1日の動き

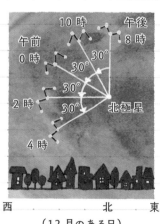

（12月のある日）

理科
SCIENCE

THEME 地球 **地球の運動と天体の１年の動き**

☑まだまだ ☑もう少し ☑ばっちり

地球の公転

□ 01 地球の　　　　　：地球が太陽のまわりを１年で１回転する運動。

向きは，自転と同じで，北極側から見て 02 　　　　　回り。

四季の星座の移り変わり

□ 太陽の１年の動き：地球から見た太陽は，地球の 03 　　　　　により，星座の間を１年で

１周しているように見える。

□ 黄道：太陽が１年で１周するように見える，天球上の太陽の通り道。

□ 地球の公転により，季節によって見える星座が変わる。

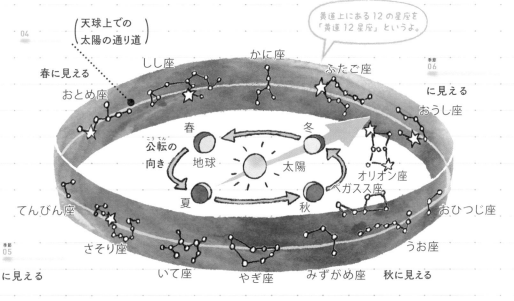

黄道上にある12の星座を
「黄道12星座」というよ。

⚠ 実際の空では，太陽の方向にある星座は昼の空にあるため，見ることはできない。

季節	太陽と逆方向にある星座 （真夜中に見える）	太陽と同じ方向にある星座 （昼間なので見えない）
春（３月）	しし座	ペガスス座
夏（６月）	さそり座	おうし座
秋（９月）	ペガスス座	しし座
冬（12月）	07	08

星座の1年の動き

☐ 09 天体の　　　　　　　：地球の公転によって生じる天体の 1 年の見かけの動き。

⚠ 同じ時刻に見える星の位置

10　　　から　　　へ

1 日に約 1° ずつ，1 か月に約 30° ずつ動く。

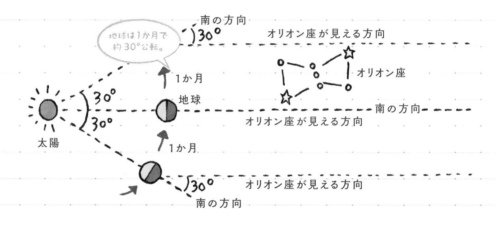

⚠ 星が同じ位置に見える時刻

1 日で約 4 分早くなり，1 か月で約 2 時間早くなる。

（各月の中旬，午前 0 時に見える位置）

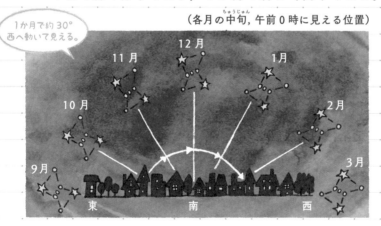

THEME 地球 季節の変化

季節の変化

□ 地球は，公転面に垂直な方向に対して 01 ⬜ を約 23.4° 傾けて公転している。

➡ 1年を通して，太陽の南中高度や昼の長さが変化して，気温が変化することによって季節の変化が生じる。

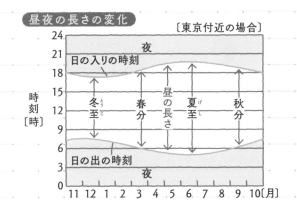

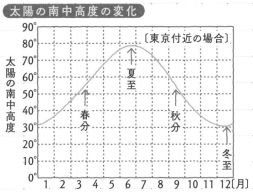

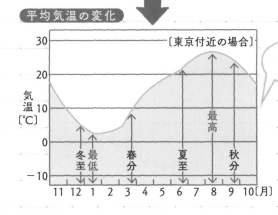

平均気温が最高になるのは，太陽の南中高度が最高になる夏至の日よりもあとになる。

☐ 南中高度と昼夜の長さ

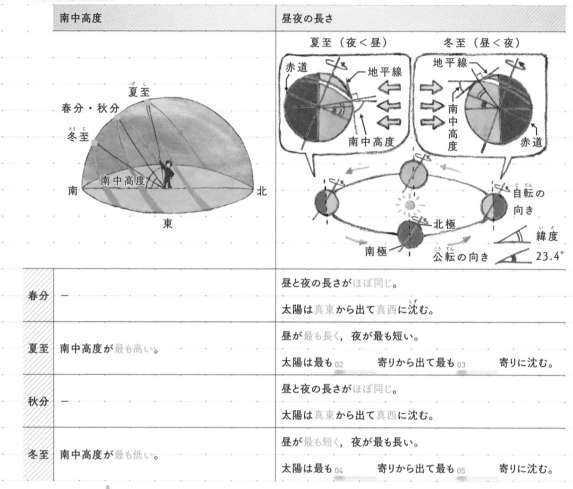

	南中高度	昼夜の長さ
春分	ー	昼と夜の長さがほぼ同じ。 太陽は真東から出て真西に沈む。
夏至	南中高度が最も高い。	昼が最も長く，夜が最も短い。 太陽は最も 02　　寄りから出て最も 03　　寄りに沈む。
秋分	ー	昼と夜の長さがほぼ同じ。 太陽は真東から出て真西に沈む。
冬至	南中高度が最も低い。	昼が最も短く，夜が最も長い。 太陽は最も 04　　寄りから出て最も 05　　寄りに沈む。

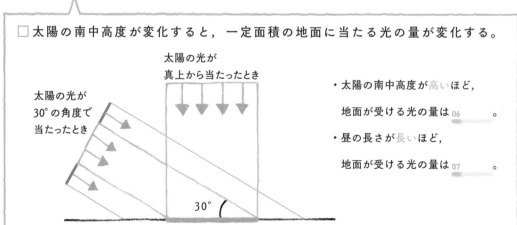

☐ 太陽の南中高度が変化すると，一定面積の地面に当たる光の量が変化する。

太陽の光が真上から当たったとき

太陽の光が30°の角度で当たったとき

・太陽の南中高度が高いほど，地面が受ける光の量は 06　　　。
・昼の長さが長いほど，地面が受ける光の量は 07　　　。

30°

LOOSE-LEAF COLLECTION
3

理科
SCIENCE

LOOSE-LEAF STUDY GUIDE
GAKKEN
-PLUS-

No.
Date

THEME　地球　**月と惑星**

☑ まだまだ　☑ もう少し　☑ ばっちり

月の見え方

☐ 月は太陽の光を反射して光っている。

月が地球のまわりを 01 ＿＿＿ することにより，太陽・月・地球の位置関係が変わるため，

月の光っている部分の見え方が変化して満ち欠けする。

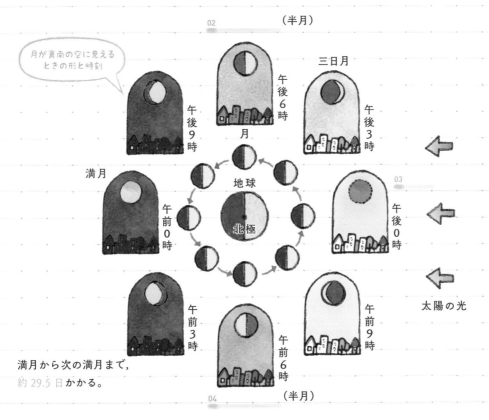

月が真南の空に見える
ときの形と時刻

02 ＿＿＿（半月）

三日月

午後6時

午後3時

月

地球

北極

03 ＿＿＿

午後0時

満月

午後9時

午前0時

太陽の光

午前3時

午前9時

午前6時

04 ＿＿＿（半月）

満月から次の満月まで，
約29.5日かかる。

☐ 月は東から出て，南の空を通り，西に沈む。

☐ 毎日同じ時刻に月を観察すると，形を変えながら 05 ＿＿＿ から ＿＿＿ へ移動していく。

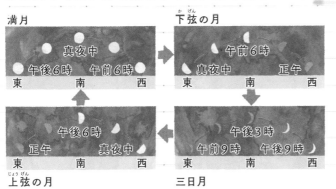

満月
真夜中
午後6時　　午前6時
東　　南　　西

下弦の月
午前6時
真夜中　　正午
東　　南　　西

上弦の月
午後6時
正午　　真夜中
東　　南　　西

三日月
午後3時
午前9時　　午後9時
東　　南　　西

⚠ 月の1日の動きは，
地球の自転によるもので，
太陽や星座の1日の動きと
同じだよ。

No.

Date

理科
SCIENCE

THE LOOSE-LEAF STUDY GUIDE
GAKKEN PLUS

LOOSE-LEAF COLLECTION
3

THEME 月と惑星

日食・月食

☐ ___06___ ：月が太陽と重なり，太陽がかくされる現象。

新月で，太陽，___07___ ，　　　　の順に一直線に並んだときに起こる。

月の公転軌道……

月　　地球

太陽

📎 月の公転軌道はだ円で，地球との距離は
一定でない。
・月が地球から遠いとき，太陽をかくし
きれず太陽のふちが残る。
（このときの日食を「金環食」という。）

☐ ___08___ ：月が地球の影に入る現象。

満月で，太陽，___09___ ，　　　　の順に一直線に並んだときに起こる。

惑星の見え方

☐ 惑星である金星も月と同様，満ち欠けをする。

また，地球との距離によって，見える大きさも変わる。

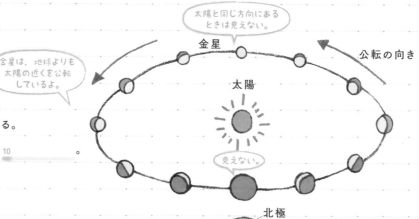

太陽と同じ方向にある
ときは見えない。

金星

公転の向き

金星は，地球よりも
太陽の近くを公転
しているよ。

太陽

地球との距離が短くなる。

➡ 見かけの大きさ… ___10___ 。

欠け方…大きくなる。

明るさ…大きくなる。

見えない。

北極

地球

___11___ ：夕方，___12___ の空に 夕方

明け方 ___13___ ：明け方，___14___ の空に
見える金星。　　　　　　　　　　　　　見える金星。

THEME　環境　**生態系と食物連鎖**

✓ まだまだ　✓ もう少し　✓ ばっちり

食物連鎖

☐ 01　　　：ある地域にすむ生物とそれをとりまく環境をひとつのまとまりとしてとらえたもの。

☐ 02　　　：生物の間の食べる・食べられるという食物によるつながり。

☐ 03　　　：食物連鎖が網の目のようにつながっていること。

生産者	消費者	
	草食動物	肉食動物

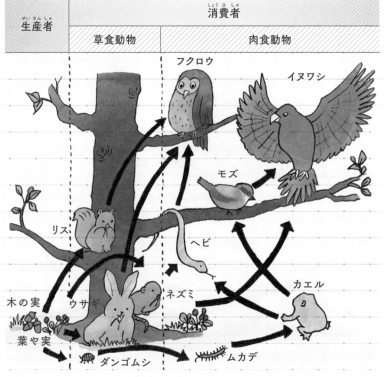

消費者：光合成を行わず，04　　　がつくり出した有機物を直接，または間接的にとり入れる生物。

生産者：05　　　を行い，無機物から有機物をつくり出す生物。

数量は
食べられる生物＞食べる生物

☐ 生物の数量関係：生産者を底辺とした 06　　　　　の形で表される。一時的な増減はあっても，またもとにもどり，つり合いが保たれる。

Bがふえる。

Bを食べる 07　　　がふえ，
Bが食べる 08　　　が減る。

Aに食べられ，Cを食べる 09　　　が減る。

A（肉食動物）
B（草食動物）
C（植物）

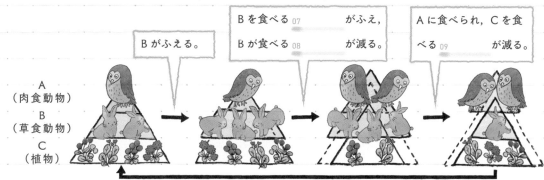

もとにもどる。

☐ **生物濃縮**：生物がとりこんだ物質が体内に蓄積され，外界より濃度が高くなること。

物質の循環

☐ 炭素や酸素は，生物のからだとまわりの環境との間を循環している。

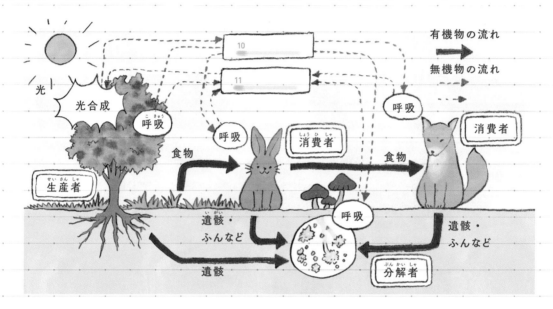

有機物の流れ

無機物の流れ

光

光合成

呼吸

呼吸

呼吸

食物

食物

生産者

消費者

消費者

遺骸・
ふんなど

遺骸・
ふんなど

呼吸

遺骸

分解者

分解者のはたらき

12 ＿＿＿＿：生物の遺骸やふんなどの有機物を栄養分としてとり入れ，

13 ＿＿＿＿にする過程にかかわる生物。

土の中の小動物，菌類・細菌類などの微生物。

> 分解者は，自分で
> 有機物をつくらな
> いので，消費者で
> もある。

・土壌動物ともいう。

ミミズ

ダンゴムシ

トビムシ
など

生物の遺骸やふん
などを食べる。

・からだが菌糸でできていて，
胞子でふえるものが多い。

・カビや 14 ＿＿＿＿のなかま

アオカビ　　シイタケ

土の中の有機物をとり入れ，呼吸に
よって無機物に分解する。

・非常に小さい単細胞生物で，分
裂でふえる。

・乳酸菌や大腸菌などのなかま

乳酸菌　　　大腸菌

微生物は空気中や水中にも多数存在し，人間に有用なものも多い。

THEME 環境 エネルギーと科学技術／環境

✓ まだまだ ✓ もう少し ✓ ばっちり

エネルギー

□ エネルギーにはいろいろな種類があり，たがいに移り変わる。

> 物体に対して仕事をする能力のことをエネルギーといったね。

エネルギー資源

□ 01 ＿＿＿ ：エネルギーが移り変わるときに失われる熱や音などのエネルギーもふくめると，エネルギーが移り変わる前後でエネルギーの総量は一定に保たれる。

□ エネルギーの 02 ＿＿＿ ：消費したエネルギーから目的のエネルギーに変換できる割合。LED は白熱電球よりエネルギー変換効率がよい。

□ エネルギーの伝わり方

あちちっ

03 ＿＿＿
液体や気体の温度が場所によって異なるとき，物質の循環によって熱が伝わる。

04 ＿＿＿
温度の異なる物体が接しているとき，高温の物体から低温の物体に熱が伝わる。

05 ＿＿＿
高温の物体が出す赤外線などの光が空間を伝わり，当たった物体をあたためる。

□ おもな発電方法

発電方法	しくみ	長所	短所
06 ＿＿＿ 発電	高所の水 位置エネルギー → 運動エネルギー → 電気エネルギー 　　　　　水車　　発電機	・二酸化炭素や汚染物質を排出しない。 ・変換効率が高い。	・ダム建設による自然環境への影響。 ・ダム建設用地が有限。
07 ＿＿＿ 発電	化石燃料[*2]　水蒸気 化学エネルギー → 熱エネルギー → 運動エネルギー → 電気エネルギー 　　ボイラー　　タービン　　発電機	・発熱量が大きい。 ・燃料による発電量の調節が容易。	・二酸化炭素や汚染物質を排出する。 ・化石燃料が有限。
08 ＿＿＿ 発電	ウラン　　水蒸気 核エネルギー → 熱エネルギー → 運動エネルギー → 電気エネルギー 　　原子炉　　タービン　　発電機	・少量の燃料で大量の電気エネルギーが得られる。	・放射線の厳しい管理が必要。 ・使用済み核燃料の処理問題。

＊1 ほかに地熱発電，太陽光発電，風力発電などの再生可能エネルギーを利用した方法もある。

＊2 石油，石炭，天然ガスなど。大昔の生物が長い年月をかけて変化してできた。燃やすと二酸化炭素を発生する。

プラスチック

☐ プラスチックは 09 _____ などから人工的につくられた物質で，レジ袋に用いられるポリエチレンや，ペットボトルの原料のポリエチレンテレフタラートなどがある。プラスチックは炭素をふくむ 10 _____ なので，燃えると 11 _____ を発生する。

プラスチックの長所と問題点

長所
- 軽くてさびにくく 12 _____ を通しにくい。
- 腐りにくい。
- 水溶液や薬品によって化学変化 13 _____ 。
- 衝撃に強く，加工しやすい。

問題点
- 自然のなかで分解 14 _____ 。
- 水中を漂ううち，細かくなったプラスチックごみは，魚や海鳥が食べると体内にたまり，健康への影響がある。

放射線

☐ 15 _____ ：α線，β線，γ線，X線，中性子線などがあり，原子力発電で使われているウランなどの核燃料から発生する。

放射線の種類と特徴

- アルファ（α）線… 16 _____ の原子核の流れ。＋の電気をもっている。
- ベータ（β）線… 17 _____ の流れ。－の電気をもっている。
- ガンマ（γ）線… 18 _____ で，電気をもっていない。物体を透過する力が強い。
- X線…電磁波の一種で，γ線と似た性質をもつ。
- 中性子線… 19 _____ の流れ。

☐ 20 _____ ：放射性物質が放射線を出す能力。

☐ 放射線は，透過性を利用して医療に用いられたり，物体内部の検査に利用されたりしているが，生物が大量に浴びると，細胞や 21 _____ を傷つけてしまう可能性がある。

☐ 22 _____ ：被曝した放射線量の人体に対する影響を表す単位（記号 Sv）。

THEME 環境 **持続可能な社会**

☑ まだまだ ☑ もう少し ☑ ばっちり

再生可能エネルギー

☐ 01 ＿＿＿＿＿＿＿＿：なくなることがなく，将来にわたって利用できるエネルギー。太陽光，風力，地熱，バイオマスなど。

☐ 02 ＿＿＿＿＿＿＿＿：光電池（太陽電池）で太陽光を受けて，光エネルギーを直接電気エネルギーに変える発電方法。エネルギー変換効率の向上や低コスト化により，家庭にも普及し始めている。発電量が気象条件に左右される。

☐ 03 ＿＿＿＿＿＿＿＿：自然の風の力で風車を回転させて発電する方法。発電量が気象条件に左右される。

☐ 04 ＿＿＿＿＿＿＿＿：地下深くの 05 ＿＿＿＿＿＿＿＿ の熱で高温・高圧になった水蒸気を利用して発電する方法。利用できる場所が国立公園内に多く，立地が限られる。

☐ 06 ＿＿＿＿＿＿＿＿：農林業から出る作物の残りかす，家畜のふん尿，間伐材など，エネルギー源として利用できる生物資源。

☐ 07 ＿＿＿＿＿＿＿＿：バイオマスを利用した発電。

カーボンニュートラル：植物を燃料にしたとき，発生する二酸化炭素の量は，その植物が光合成で吸収した二酸化炭素の量に等しいので，大気中の二酸化炭素は増加しないという考え方。

加工 ← 森林 → 光合成

木材や紙など ← 燃焼 → 二酸化炭素 CO₂

☐ 08 ＿＿＿＿＿＿＿＿：水の電気分解と逆の化学変化を利用し，化学エネルギーから直接電気エネルギーに変換する電池。

人間の活動と自然環境

- [ ] 09 ：化石燃料の大量消費，森林の減少により大気中の二酸化炭素の割合が増加し，その温室効果によって地球の平均気温が上昇している。

- [ ] 10 ：もとはその地域に生息していなかったが，人間によってもちこまれ，地域に定着した生物。生態系のつり合いを乱す。アライグマ，オオクチバスなど。

- [ ] 11 ：ある種の生物がいなくなること。人間の活動によることが多い。

持続可能な社会

- [ ] 12 ：資源の消費を減らし，くり返し利用できる社会。

3つのR

13 (Reduce)：買い物袋を持参・レジ袋を断るなど，ごみの発生をおさえる取り組み。

14 (Reuse)：中古の商品やガラス製のびんなどを再使用する活動。

15 (Recycle)：空き缶やペットボトルの回収・再利用など，廃棄物を再資源化する活動。

レジ袋

ガラスびん

空き缶

- [ ] 16 ：自然環境を保全しつつ，生活に必要なものやエネルギーを，現在から将来にわたって安心して入手できる，目指すべき社会。

- [ ] 17 ：2015年国連サミットで採択された「持続可能な開発のための2030アジェンダ」で記載された2030年までに持続可能でよりよい世界を目指す国際目標。17のゴール（目標）と169のターゲット（達成規準）から構成され，地球上の「誰一人とり残さない」ことを誓っている。(Sustainable Development Goals の略称)

P.67　物質　水溶液とイオン

01 電解質　02 非電解質　03 電気分解　04 銅　05 （金属）光沢

06 塩素　07 水素　08 燃える　09 塩素　10 原子

11 原子核　12 陽子　13 中性子　14 ＋　15 電子

16 同位体　17 陽イオン　18 陰イオン　19 電離

P.69　物質　化学変化と電池

01 電池（化学電池）　02 電解質　03 異なる（ちがう，2）　04 ○　05 ×

06 －極　07 亜鉛イオン　08 銅イオン　09 銅原子　10 一次電池

11 二次電池（蓄電池）　12 イオン化傾向　13 やすい　14 銅イオン　15 にくい

16 しない

P.71　物質　酸・アルカリとイオン

01 酸　02 H^+　03 水素　04 アルカリ　05 OH^-

06 水酸化物　07 黄　08 緑　09 青　10 赤

11 水素　12 pH　13 小さい　14 大きい　15 中和

16 $H^+ + OH^- \rightarrow H_2O$　17 塩　18 酸　19 中　20 アルカリ

P.73　生命　生物の成長と細胞分裂

01 成長点　02 大きい　03 小さく　04 多い　05 細胞分裂

06 塩酸　07 酢酸カーミン（酢酸ダーリア）　08 核　09 染色体　10 体細胞分裂

11 数　12 大きくなる

P.75　生命　無性生殖と有性生殖

01 生殖　02 無性生殖　03 栄養生殖　04 有性生殖　05 受精卵

06 胚　07 花粉管　08 精細胞　09 発生　10 減数分裂

11 半分 $\left(\dfrac{1}{2}\right)$　12 複製　13 体　14 生殖

15 変わらない（同じ，等しい）　16 半分 $\left(\dfrac{1}{2}\right)$　17 体細胞

中3理科の解答

理科 SCIENCE

中3理科の解答

P.77-85 SCIENCE◎ANS.

P.77 生命 遺伝

01 形質　02 対立形質　03 顕性（の）形質　04 純系　05 潜性（の）形質

06 遺伝　07 遺伝子　08 DNA　09 aa　10 遺伝子組換え

11 減数　12 自家受粉　13 AA　14 Aa　15 Aa　16 aa

17 3：1　18 1500

P.79 生命 生物の多様性と進化

01 進化　02 シソチョウ（始祖鳥）　03 歯　04 爪

05 は虫（ハチュウ）　06 翼　07 羽毛　08 鳥　09 は虫（ハチュウ）

10 相同器官　11 は虫（ハチュウ）　12 哺乳（ホニュウ）　13 コケ植物　14 シダ植物

15 種子植物　16 裸子植物　17 被子植物

P.81 エネルギー 水圧と浮力

01 水圧　02 同じ（等しい）　03 大きく　04 同じ（等しい）　05 大きく

06 浮力　07 大きい　08 同じ（等しい）　09 浮く　10 沈む

P.83 エネルギー 力のはたらきと合成・分解

01 合力　02 力の合成　03 和　04 差　05 平行四辺形　06 力の分解

07 分力　08 対角線　09 小さく　10 大きく

11 つり合っている　12 等しい（同じ）　13 逆向き（反対）　14 一直線上（同一直線上）

15 力A　16 反作用　17 逆向き（反対）　18 作用

P.85 エネルギー 物体の運動

01 速さ　02 平均の速さ　03 瞬間の速さ　04 増加する（大きくなる，速くなる）

05 大きく　06 自由落下　07 減少する（小さくなる，遅くなる）

08 等速直線運動　09 はたらいていない　10 比例　11 慣性の法則　12 後ろ（左）

13 前（右）　14 慣性

P.87　エネルギー　仕事と仕事率

01 仕事　02 力　03 距離　04 50〔N〕× 1〔m〕= 50〔J〕

05 30〔N〕× 2〔m〕= 60〔J〕　06 仕事率　07 時間

08 仕事率 = 200〔J〕÷ 10〔s〕= 20〔W〕　09 25　10 1.6

11 50　12 50〔N〕× 1〔m〕= 50〔J〕　13 仕事の原理　14 大きく（長く）

P.89　エネルギー　力学的エネルギー

01 エネルギー　02 位置エネルギー　03 高い　04 大きい　05 運動エネルギー

06 大きい（速い）　07 大きい　08 力学的エネルギー

09 力学的エネルギー保存の法則（力学的エネルギーの保存）　10 和　11 抵抗

12 増加　13 最大　14 運動　15 増加　16 最大

P.91　地球　銀河系と太陽系

01 銀河系　02 銀河　03 太陽系　04 地球型惑星　05 木星型惑星

06 衛星　07 小惑星　08 岩石　09 水素（気体）　10 コロナ

11 黒点　12 低い　13 4000　14 西　15 自転

16 自転　17 球形（球体）

P.93　地球　地球の運動と天体の1日の動き

01 地軸　02 自転　03 日周運動　04 自転　05 南中

06 子午線　07 天頂　08 天球　09 南中高度　10 中心

11 （星の）日周運動　12 北極星　13 反時計

P.95　地球　地球の運動と天体の1年の動き

01 （地球の）公転　02 反時計　03 公転　04 黄道　05 夏

06 冬　07 おうし座（オリオン座）　08 さそり座　09 （天体の）年周運動

10 東（から）西

中3理科の解答

P.97　地球　季節の変化

01 地軸　02 北　03 北　04 南　05 南

06 多い　07 多い

P.99　地球　月と惑星

01 公転　02 上弦の月　03 新月　04 下弦の月　05 西（から）東

06 日食　07 月，地球　08 月食　09 地球，月　10 大きくなる

11 よいの明星　12 西　13 明けの明星　14 東

P.101　環境　生態系と食物連鎖

01 生態系　02 食物連鎖　03 食物網　04 生産者（植物）　05 光合成

06 ピラミッド　07 A　08 C　09 B　10 酸素

11 二酸化炭素　12 分解者　13 無機物　14 キノコ

P.103　環境　エネルギーと科学技術／環境

01 エネルギーの保存（エネルギー保存の法則）　02 変換効率

03 （熱）対流　04 （熱）伝導　05 （熱）放射　06 水力　07 火力　08 原子力　09 石油　10 有機物

11 二酸化炭素　12 電気　13 しにくい　14 されにくい　15 放射線

16 ヘリウム　17 電子　18 電磁波　19 中性子　20 放射能　21 DNA（染色体）

22 シーベルト

P.105　環境　持続可能な社会

01 再生可能（な）エネルギー　02 太陽光発電　03 風力発電　04 地熱発電

05 マグマ　06 バイオマス　07 バイオマス発電　08 燃料電池　09 地球温暖化

10 外来生物（外来種）　11 （種の）絶滅　12 循環型社会　13 リデュース　14 リユース

15 リサイクル　16 持続可能な社会　17 SDGs（エスディージーズ）

THE
LOOSE-LEAF
STUDY GUIDE
3
FOR JHS STUDENTS

中3

社会

SOCIAL STUDIES

A LOOSE-LEAF COLLECTION
FOR A COMPLETE REVIEW OF ALL 5 SUBJECTS
GAKKEN PLUS

学習内容

歴史		学習日	テスト日程
1	第一次世界大戦と日本		
2	世界恐慌と日本の中国侵略		
3	第二次世界大戦と日本		
4	日本の民主化と冷戦		
5	新しい時代の日本と社会		

公民		学習日	テスト日程
6	現代社会の特徴		
7	人権思想と日本国憲法		
8	基本的人権の尊重(1)		
9	基本的人権の尊重(2)		
10	民主政治と選挙，政党		
11	国会のしくみと仕事		
12	内閣のしくみと仕事		
13	裁判所のしくみと仕事 / 三権分立		
14	地方自治のしくみ		
15	家計と価格		
16	生産と企業・労働		
17	金融のしくみとはたらき		
18	財政のはたらき		
19	国民生活の向上と福祉		
20	国際社会のしくみ		
21	国際社会の課題		

TO DO LIST

やることをリストにしよう！重要度を☆で示し、できたら□に印をつけよう。

□ ☆☆☆　　　　　　　　　　　　□ ☆☆☆

□ ☆☆☆　　　　　　　　　　　　□ ☆☆☆

□ ☆☆☆　　　　　　　　　　　　□ ☆☆☆

□ ☆☆☆　　　　　　　　　　　　□ ☆☆☆

THEME 歴史 **第一次世界大戦と日本**

大正時代の主なできごと

時代	年代	できごと
大正時代	☐ 1912	第一次護憲運動が起こる → 藩閥の内閣をたおす
	☐ 1914	ヨーロッパで 01 ＿＿＿＿＿＿ が始まる
	☐ 1915	日本が中国に 02 ＿＿＿＿＿ の要求を示す
	☐ 1917	03 ＿＿＿ 革命が起こる → 史上初の社会主義の政府が成立
	☐ 1918	米騒動が起こる → 04 ＿＿＿＿ が内閣を組織する
	☐ 1919	パリ講和会議が開かれ，05 ＿＿＿＿＿ 条約が結ばれる
		朝鮮で 06 ＿＿＿＿＿ 運動，中国で 07 ＿＿＿＿ 運動が起こる
		ドイツでワイマール憲法が制定される
	☐ 1920	アメリカのウィルソン大統領の提案をもとに，08 ＿＿＿＿＿＿ が発足する
	☐ 1923	関東大震災が起こる
	☐ 1925	日本でラジオ放送が始まる
	☐	治安維持法，普通選挙法が制定される

第一次世界大戦の講和条約だよ。

世界で最初に社会権が保障された！

第一次世界大戦とロシア革命

☐ 三国協商と三国同盟の対立。‥‥‥‥‥‥‥●

↓

☐ バルカン半島でサラエボ事件が起こる。

「ヨーロッパの火薬庫」　オーストリア皇太子夫妻がセルビア人に暗殺された。

↓

第一次世界大戦開戦。

↓

☐ 03 ＿＿＿＿ 革命 → シベリア出兵：革命の影響をおそれた国々による干渉戦争。

指導者はレーニンだよ。　　社会主義が広がること。

↓

☐ 連合国（協商国）側が勝利。

日英同盟　三国協商
日本‥‥イギリス　　　ロシア
ドイツ
フランス　オーストリア
セルビア
サラエボ
イタリア
三国同盟　バルカン半島
＝ヨーロッパの火薬庫

▲第一次世界大戦前の国際関係：イタリアは連合国（協商国）側で参戦した。

↓

☐ 1922 年，ソビエト社会主義共和国連邦（ソ連）成立。

THEME 第一次世界大戦と日本

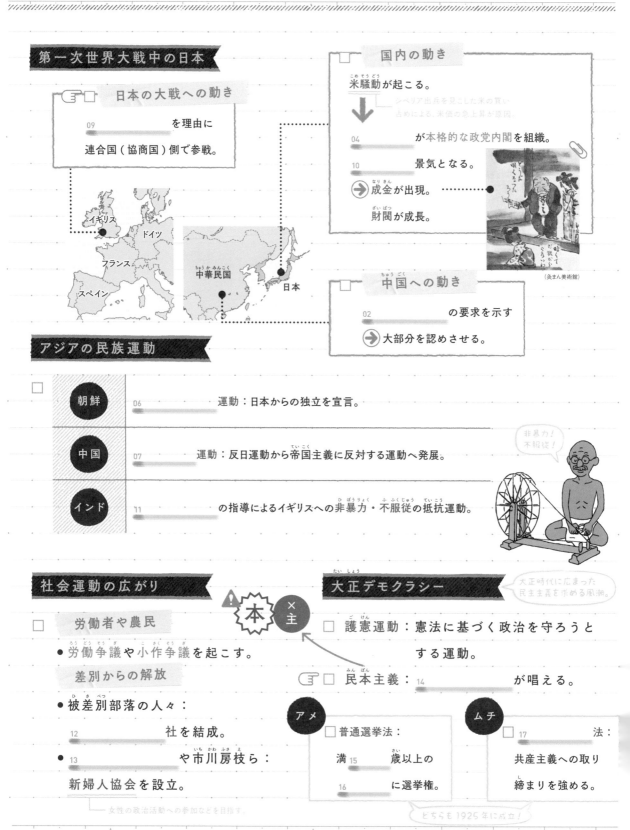

第一次世界大戦中の日本

日本の大戦への動き

09 _____ を理由に

連合国 (協商国) 側で参戦。

イギリス
ドイツ
フランス
スペイン
中華民国
日本

国内の動き

米騒動が起こる。

↓ シベリア出兵を見こした米の買い
占めによる、米価の急上昇が原因。

04 _____ が本格的な政党内閣を組織。

10 _____ 景気となる。

→ 成金が出現。

財閥が成長。

（灸まん美術館）

中国への動き

02 _____ の要求を示す

→ 大部分を認めさせる。

アジアの民族運動

朝鮮	06 _____ 運動：日本からの独立を宣言。
中国	07 _____ 運動：反日運動から帝国主義に反対する運動へ発展。
インド	11 _____ の指導によるイギリスへの非暴力・不服従の抵抗運動。

非暴力！
不服従！

社会運動の広がり

本 × 主

労働者や農民

● 労働争議や小作争議を起こす。

差別からの解放

● 被差別部落の人々：

12 _____ 社を結成。

● 13 _____ や市川房枝ら：

新婦人協会を設立。

女性の政治活動への参加などを目指す。

大正デモクラシー

大正時代に広まった
民主主義を求める風潮。

□ 護憲運動：憲法に基づく政治を守ろうと
する運動。

□ 民本主義：14 _____ が唱える。

アメ

□ 普通選挙法：

満 15 ___ 歳以上の

16 _____ に選挙権。

ムチ

□ 17 _____ 法：

共産主義への取り
締まりを強める。

どちらも 1925 年に成立！

THEME 歴史 世界恐慌と日本の中国侵略

昭和時代初めの主なできごと

時代	年代	できごと
昭和時代	□1927	日本で金融恐慌が起こる ➡ 銀行の休業や倒産があいつぐ
	□1929	アメリカの株式市場で株価が大暴落 ➡ 01 ___ 恐慌となる
	□1930	ロンドン海軍軍縮条約が結ばれる ➡ 政府に批判が集まる
		01 ___ 恐慌が日本におよび，昭和恐慌となる ➡ 労働争議や小作争議があいつぐ
	□1931	柳条湖事件をきっかけに 02 ___ 事変が起こる
	□1932	02 ___ 国が建国される（中国東北部）
	□	海軍の青年将校などによる 03 ___ 事件が起こる
	□1933	日本が 04 ___ を脱退 ➡ 国際的に孤立を深める
	□1936	陸軍の青年将校などによる 05 ___ 事件が起こる
	□1937	盧溝橋事件をきっかけに，06 ___ 戦争が始まる
	□1938	07 ___ 法が制定される（議会の承認なしに，国民や物資を戦争に動員できるようになった。）
	□1939	ドイツがポーランドに侵攻 ➡ 08 ___ が始まる
	□1940	政党が解散して大政翼賛会に合流（戦争に協力するための組織だよ。）

恐慌後の各国の動き

アメリカ
09 ___ 政策：
公共事業をおこして
失業者を減らす。

イギリス・フランス
10 ___ 経済：
本国と植民地との
結びつきを強化。

ソ連
計画経済によって，
恐慌の影響を受け
ずに経済成長。

THEME 世界恐慌と日本の中国侵略

ファシズムの国

□ ファシズム：民主主義を否定する，全体主義的な独裁政治の体制。

┌─ イタリア ─────────────────┐
ムッソリーニ率いるファシスト党
➡ エチオピアを侵略・併合。

┌─ ドイツ ─────────────────┐
ヒトラー率いるナチス
➡ 11 _____ 人を迫害。

軍部の台頭

□ 日本では，軍人たちによる，五・一五事件，二・二六事件が起こった。

事件	いつ	だれが	内容	影響
五・一五事件	1932年 5月15日	海軍の 青年将校など。	12 ___ 首相を暗殺。	13 ___ 政治が終わった。
二・二六事件	1936年 2月26日	陸軍の 青年将校など。	東京の中心部を占拠。	軍部の政治的発言力が 強まった。

┌─ 軍人による事件 ─────────────┐
⚠ 五・一五 ➡ 二・二六 の順。

満州事変から日中戦争へ

□ 日本は，02 _____ を支配することで
不景気を解決しようとした。

┌──────────────────────┐
満州
事変

1931年 〔奉天郊外！フォンティエン〕

きっかけ：柳条湖事件。
　　　　　リウ ティアオ フー

➡ 翌年，
02 _____ 国を建国。
└──────────────────────┘

↓

┌──────────────────────┐
日中
戦争

1937年 〔北京郊外！ペキン〕

きっかけ：盧溝橋事件。 ➡ ☞ 翌年，07 _____ 法を制定。
　　　　　ルー コウ チアオ
└──────────────────────┘

線路爆破！

攻撃開始！

┌──────────────────────┐
□ 満州国の範囲
━ 南満州鉄道

ソ連

モンゴル
人民共和国

満州国
柳条湖
リウティアオフー
奉天
フォンティエン

北京
ペキン
盧溝橋
ルーコウチアオ
中華民国

日本
└──────────────────────┘
▲満州国の範囲と周辺の様子

THEME 歴史 **第二次世界大戦と日本**

第二次世界大戦中の主なできごと

時代	年代	できごと
昭和時代	☐1939	ドイツがポーランドに侵攻 ➡ 01 _____ が始まる
	☐1940	日本，ドイツ，イタリアが 02 _____ 同盟を結ぶ └ 枢軸国と呼ばれた。
	☐1941	03 _____ 条約を結ぶ ➡ 日本は北方の安全を確保 太平洋戦争が始まる
	☐1942	ミッドウェー海戦で日本がアメリカに敗北 ➡ 日本の戦局は悪化
	☐1943	イタリアが降伏する
	☐1945	（2月）ヤルタ会談 ➡ ソ連の対日参戦などが密約される （3月）アメリカ軍が 04 _____ に上陸 （5月）05 _____ が降伏する ➡ ヨーロッパでの戦争が終わる （8月）06 _____ に原子爆弾が投下される（6日） 07 _____ が満州や朝鮮，南樺太などに侵攻（対日参戦） 08 _____ に原子爆弾が投下される（9日） 09 _____ 宣言を受け入れて降伏することを決定 ➡ 翌日，昭和天皇が国民にラジオ放送で知らせる └ 8月15日。 玉音放送というよ。

太平洋戦争の始まり

☐ **日本の南進**

石油などの資源を求めて東南アジアへ軍をすすめる。

➡ アメリカが日本への石油の輸出を禁止。

☐ **開戦**

1941年12月8日，日本軍が，

イギリス領のマレー半島に上陸するとともに，

ハワイの 10 _____ 湾にあるアメリカ軍基地を奇襲攻撃。

➡ 日本がアメリカやイギリスなどに宣戦し，開戦。
└ 連合国と呼ばれた。

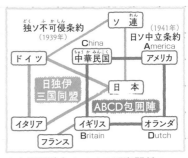

▲太平洋戦争をめぐる国際関係：アメリカの日本に対する経済封鎖にイギリス，オランダも協力した（ABCD包囲陣）。

THEME 第二次世界大戦と日本

戦時下の人々

☐ 日本は国力のすべてを投入する総力戦として太平洋戦争を戦った。

勤労動員	労働力が不足し，中学生や女学生が軍需工場などで働かされた。
学徒出陣	それまで徴兵されなかった大学生などが戦場に送られた。
11	激しくなった 12 を避けるため，都市の小学生は，集団で農村に疎開させられた。

（毎日新聞社／時事通信フォト）

沖縄戦から敗戦まで

☐ 1945 年 3 月：アメリカ軍が 04 に上陸。
　➡ 多くの県民が激しい戦闘に巻きこまれた。

☐ 1945 年 8 月 6 日：
　06 に
　原子爆弾が
　投下される。

1945 年 8 月 8 日：
07 が
日本に宣戦。

1945 年 8 月 9 日：
08 に
原子爆弾が
投下される。

（時事）

日本に対して，無条件降伏や民主主義の復活などを求めているよ。

☐ 1945 年 8 月 14 日：
　09 宣言の受諾を決定。

　➡ 翌日，昭和天皇がラジオ放送で国民に降伏を伝えた。

耐えがたきを耐え…

09 宣言（部分要約）
7 …日本に平和，安全，正義の秩序が建設されるまでは，連合国が日本を占領する。
8 …日本の主権がおよぶのは，本州，北海道，九州，四国と，連合国が決める島に限る。

THEME 歴史 **日本の民主化と冷戦**

✓ まだまだ ✓ もう少し ✓ ばっちり

現代の主なできごと

時代	年代	できごと
昭和時代	☐1945	GHQ（連合国軍最高司令官総司令部）による戦後改革が始まる └ 最高司令官はマッカーサー。
	☐1946	01　　　　　憲法が公布される
	☐1950	02　　　　　戦争が始まる ➡ GHQの指令で警察予備隊を設立 └ 日本は特需景気となる。　　　　　└ 1954年に自衛隊となる。
	☐1951	03　　　　　平和条約が結ばれる ➡ 翌年，日本は独立を回復
	☐	日米安全保障条約（日米安保条約）が結ばれる └ 日本は，占領終結後も日本国内にアメリカ軍基地を置くことを認めた。
	☐1954	第五福竜丸が被ばくする ➡ 翌年，第1回原水爆禁止世界大会開催
	☐1955	アジア・アフリカ（バンドン）会議 ➡ 冷戦下での平和共存を訴える
	☐	自由民主党が結成される ➡ 04　　　　　体制が始まる（～1993）
	☐1956	05　　　　　に調印 ➡ 日本が国際連合に加盟 └ 日本とソ連の国交が回復した。
	☐1965	ベトナム戦争が激化する　アメリカが軍事介入を本格化させたんだ！

GHQによる主な戦後改革

☐ 民主化

政治　治安維持法の廃止
選挙法の改正‥‥‥‥‥
日本国憲法の公布

教育　教育基本法の公布

経済
06　　　　　解体
労働組合法の制定
07　　　　　改革‥‥‥
独占禁止法の制定

	自作	自小作	小作
1930年 （改革前）	31.1%	42.4%	26.5%
			5.1
1950年 （改革後）	62.3	32.6	

●▲改革による変化：自作・小作の農家数の割合

多くの自作農が生まれたよ。

☐ 非軍事化

日本軍の解散
極東国際軍事裁判の開廷
└ 東京裁判ともいうよ。

●満08　　　　　歳以上の男女に選挙権が与えられた。

社会 SOCIAL STUDIES

THEME 日本の民主化と冷戦

憲法の改正

- □ GHQ が改正を指示 ➡ 1946 年 11 月 3 日に
  01＿＿＿＿＿憲法が公布された。

☞ □ 3 つの基本原理

> 09＿＿＿＿主権
> 10＿＿＿＿＿＿の尊重
> 11＿＿＿＿主義

☞ □ 天皇の地位

> 日本国および日本国民統合の 12＿＿＿＿

サンフランシスコ平和条約

- □ アメリカなど 48 か国と結んだ
  講和条約。

(Photoshot／時事通信フォト)

> 調印しているのは，
> 日本の首席全権の
> 13＿＿＿＿＿首相。

戦後のアジア・アフリカ

> 1950 年，朝鮮戦争が起こった。

朝鮮半島	1948 年	南に 14＿＿＿＿（韓国）， 北に 15＿＿＿＿（北朝鮮）が成立。
中国	1949 年	16＿＿＿＿が成立：主席は毛沢東。
アフリカ	1960 年	「アフリカの年」：アフリカで 17 の国が独立。

冷たい戦争（冷戦）の始まり

- □ 冷たい戦争
  > 資本主義国！

  : 17＿＿＿＿中心の西側陣営と
  18＿＿＿＿中心の東側陣営との戦火を
  交えない厳しい対立。
  > 社会主義国！

- □ ドイツ分断：西ドイツと東ドイツ。……●

⚠ 東西の対立　資本主義の**西**側諸国。
　　　　　　　社会主義の**東**側諸国。

アメリカとその同盟国
ソ連とその同盟国
その他の国

▲東西の対立（1955 年ごろ）
◀東西ドイツの様子

THEME 歴史 新しい時代の日本と社会

現代の主なできごと

時代	年代	できごと
昭和時代	☐ 1960	01 ＿＿＿＿ 条約が改定される ➔ 安保闘争が起こる
	☐ 1964	東京オリンピック・パラリンピックが開催される
	☐ 1965	02 ＿＿＿＿ 条約を結ぶ ➔ 韓国を朝鮮半島唯一の政府として承認
	☐ 1972	沖縄が日本に復帰する
	☐	日中 03 ＿＿＿＿ を発表 ➔ 中国との国交が正常化
	☐ 1973	04 ＿＿＿＿ が起こる ➔ 高度経済成長が終わる ＿＿第四次中東戦争の影響。
	☐ 1978	日中平和友好条約が結ばれる
平成時代	☐ 1989	05 ＿＿＿＿ の壁が取り壊される ➔ 冷戦の終結が宣言される
	☐ 1990	東西 06 ＿＿＿＿ が統一する ➔ 翌年，ソ連が解体する
	☐ 1992	国際平和協力法（PKO協力法）が成立する ➔ PKOに自衛隊の部隊を派遣
	☐ 1993	ヨーロッパ連合（EU）が発足 ➔ 東ヨーロッパに拡大
	☐ 1995	兵庫県南部を震源とする阪神・淡路大震災が起こる
	☐ 2001	アメリカで同時多発テロが起こる
	☐ 2011	三陸沖を震源とする 07 ＿＿＿＿ 大震災が起こる

日本経済の高度成長

☐ 08 ＿＿＿＿ ：1955年から1973年にかけての日本経済の急激な成長。

➔ ☐ アジアで最初の 09 ＿＿＿＿ が東京で開催される。

➔ ☐ 高速道路，東海道新幹線が開通。

➔ ☐ 国民の生活の変化

  ☐ 所得の増加 ➔ 家庭電化製品，自動車の普及。

  ☐ 過密・過疎，公害問題が発生。
  ＿＿1967年，公害対策基本法制定。

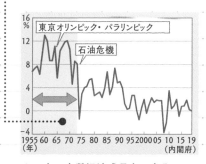

▲日本の実質経済成長率の変化

THEME 新しい時代の日本と社会

沖縄の日本復帰

- [ ] サンフランシスコ平和条約発効後も 10 _____ に統治されていた沖縄が日本に復帰した。
  - ➡ 広大なアメリカ軍基地は残された。

- [ ] 復帰運動の中, 11 _____ 原則が国の方針となる。
  └─ 核兵器を「持たず, つくらず, 持ちこませず」。

北部訓練場
沖縄島
名護
キャンプ・シュワブ
辺野古弾薬庫
キャンプ・ハンセン
嘉手納飛行場
普天間飛行場
那覇

■ 主なアメリカ軍施設
― 国道58号

▲沖縄にあるアメリカ軍施設

冷戦の終結

- [ ] 1989 年, 05 _____ の壁崩壊

  冷戦の象徴だった！

  - ➡ 米ソの首脳が冷戦の終結を宣言 (マルタ会談)。
- [ ] 1990 年, 東西 06 _____ が統一。
- [ ] 1991 年, ソ連が解体する。

終わり！ アメリカ 冷戦は ソ連

▲ベルリンの壁をこわすドイツ市民
(Woodfin Camp／PPS通信社)

地域紛争とテロ

- [ ] 冷戦終結後は, 民族の対立が表面化して地域紛争やテロ (テロリズム) が多発している。

ユーゴスラビア紛争
(1991 ～ 99 年)：各民族が独立を求めた内戦。

12 _____
(2001 年)：世界貿易センタービルなどに飛行機が突入。

湾岸戦争 (1991 年)

パレスチナ問題
(1948 年～)

13 _____ 戦争
(2003 ～ 11 年)：アメリカが派兵

THEME 公民 **現代社会の特徴**

まだまだ　もう少し　ばっちり

現代社会の特徴

□ 01 ＿＿＿＿＿＿＿：人・もの・お金・
情報などが国境を越えて移動すること。

□ 02 ＿＿＿＿＿＿＿：社会で情報の役割が大
きくなること。 ➡ 情報社会。

03 ＿＿＿＿：
各国が得意なもの
を生産し，不得意な
ものと交換し合うこと。

04 ＿＿＿＿（人工知能）
：コンピューターに人
間のような考え方をさ
せる。

□ 05 ＿＿＿＿＿＿＿：日本で
少子化と高齢化が急速に進んでいる。

⚠ 情報 06 ＿＿＿＿＿＿＿：
情報を正しく活用する力。

07 ＿＿＿＿＿：
平均寿命が延び，65歳
以上の高齢者の割合
が高くなること。

> 一人の女性が一生の間に
> 生む子どもの平均人数。

08 ＿＿＿＿＿：
合計特殊出生率が低
下し，子どもの数が
減っていること。

100
80
60
40
20
歳 0
8 6 4 2 0 2 4 6 8
(%)
（1970年）
男　女

100
80
60
40
20
歳 0
8 6 4 2 0 2 4 6 8
(%)
（2015年）
男　女

100
80
60
40
20
歳 0
8 6 4 2 0 2 4 6 8
(%)
（2065年）
男　女

（2020/21 年版『日本国勢図会』ほか）

▲日本の人口構成の変化

家族類型別世帯数の変化

09 ＿＿＿＿＿
世帯の割合が高い。

> 夫婦のみ，または親と
> 未婚の子どもからなる。

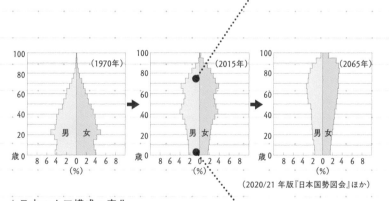

1990年
59.6%
単独世帯 23.0
その他 17.4

2020年
55.9%
35.7
8.4

（2020/21 年版『日本国勢図会』ほか）

増加！

社会
SOCIAL STUDIES

LOOSE-LEAF STUDY GUIDE
GAKKEN
PLUS

LOOSE-LEAF COLLECTION
3

No.
Date

THEME 現代社会の特徴

私たちの生活と文化

☐ 文化：人間がつくりあげてきたもの。

科学

芸術

宗教

ほかに，慣習，生活様式，行動のしかた など

10 _____：長い歴史の中で育まれ，

受け継がれてきた文化。

能，歌舞伎，茶道，華道，落語，大相撲
衣食住，年中行事，冠婚葬祭　など

日本の主な 11 _____
└ 毎年同じ時期に行われる行事

1月	正月	…初詣
2月	12 _____	…豆まきを行う
3月	ひな祭り	
3,9月	彼岸	
5月	端午の節句	
7月	七夕	
7月・8月	お盆	
11月	13 _____	…子どもの成長を祝う

社会集団ときまり

☐ 14 _____：

家族や地域社会などの

人々の集まり。

世界
国
地域
学校
家族
自分

さまざまな集団に属し，
人々とつながって成長している。

↓

人間は社会的存在

対立から合意へ

対立

わたしは
こうしたい

ぼくは
反対だ

→ 納得できる
解決策

15 _____

それなら賛成！

こうしては
どうかな

16 _____
…無駄が少なく，最大の利益を得ることができる。

余らずに
分けられた！

17 _____
…結果や手続きが平等に与えられる。

みんなで話し合い

☐ 18 _____（ルール）：社会生活を送るために必要な約束ごと。

THEME 公民 **人権思想と日本国憲法**

人権思想の歴史

☐ 01 _____（人権）：すべての人が生まれながらにもつ基本的な権利。

17世紀後半	名誉革命のとき
1689年	権利章典（イギリス）●・・・・・・・・・・・市民の自由を保障
18世紀後半	アメリカ独立戦争のとき
1776年	02 _____（アメリカ）
	フランス革命のとき
1789年	03 _____（フランス）
19世紀後半	
1889年	大日本帝国憲法発布
20世紀前半	
1919年	ワイマール憲法（ドイツ）●・・・・・・・初めて 05 _____権を保障
1946年	日本国憲法公布
1948年	世界人権宣言 ●・・・・・・・・・・・・・国際的に人権を保障

04 _____権, 平等権の確立

☐ 人権思想家：17〜18世紀，人権思想の発達をうながした。

06 _____（イギリス）　：『統治二論』で 民主政治（抵抗権）を主張。

モンテスキュー（フランス）：『法の精神』で 三権分立を主張。

07 _____（フランス）　：『社会契約論』で 人民主権を主張。

日本国憲法の制定

☐ 日本国憲法は民主主義を重視し，人権の保障を強める。

大日本帝国憲法と日本国憲法

大日本帝国憲法		日本国憲法	
08 ____主権	主権	09 ____主権	主権
神聖不可侵	天皇	象徴	
法律の範囲内	人権	永久不可侵	

⚠ 10 _____：憲法で政治権力を制限し，国民の人権を保障する考え方。

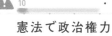

憲法
↓
法律
↓
条例など

↓

11 _____の支配。

THEME 人権思想と日本国憲法

日本国憲法の基本原理

☐ 日本国憲法は，三つの基本原理から成り立っている。

日本の政治

12 _____

「日本のことは国民が決めよう！」

13 _____ の尊重

14 _____

：憲法第9条で戦争の放棄を宣言する

日本国憲法

天皇の地位

☐ 日本国と日本国民統合の 15 _____ 。

➡ 内閣の助言と承認が必要な 16 _____ 。

助言　承認　内閣　天皇

- 内閣総理大臣の任命
- 最高裁判所長官の任命
- 憲法改正，法律などの
  公布　など

平和主義と安全保障

☐ 日本国憲法第 17 _____ 条：
戦争の放棄，戦力の不保持，
交戦権の否認。

☐ 自衛隊を設置し，アメリカと
18 _____ 条約。

☐ 非核三原則：核兵器を「持た
ず，つくらず，持ちこませず」

憲法改正の手続き

☐ 日本国憲法は国の最高法規 ➡ 改正では，ほかの法律より慎重な手続きが必要。

国会議員 ⟶ 憲法改正原案

↓ 提出

国会

衆議院　総議員の 19 _____ 以上の賛成

参議院　総議員の 19 _____ 以上の賛成

発議は，憲法改正を国民に提案すること。

国会が提案し，国民が最終的に承認する。

↓ 発議

国民投票：有効投票の 20 _____ の賛成で成立 ➡ 天皇が国民の名で公布

社会
SOCIAL STUDIES

THEME 公民 **基本的人権の尊重(1)**

√ まだまだ　√ もう少し　√ ばっちり

基本的人権の構成

☐ 基本的人権：すべての人が生まれながらにもつ基本的な権利。

➡ 日本国憲法で「侵すことのできない 01 ＿＿＿＿ の権利」として保障。

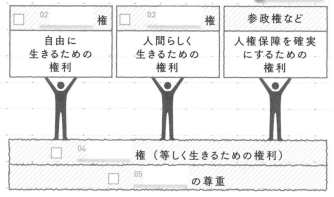

☐ 02 ＿＿＿＿ 権
自由に
生きるための
権利

☐ 03 ＿＿＿＿ 権
人間らしく
生きるための
権利

参政権など
人権保障を確実
にするための
権利

☐ 04 ＿＿＿＿ 権（等しく生きるための権利）

☐ 05 ＿＿＿＿ の尊重

平等権

平等権：誰もが平等な扱いを受ける権利。

☐ 06 ＿＿＿＿ の平等

⚠☐ 07 ＿＿＿＿ の本質的平等

人種・性別・社会的身分
などで差別されない

夫婦・家族に
おいて男女は
同等の権利
を持つ

☐ 差別は平等権の侵害。

➡ 誰もが平等に暮らせる
共生社会を目指す。

⬇

 さまざまな差別

部落差別，アイヌ民族への差別，在日韓国・朝鮮人
差別，男女差別，障がいのある人への差別　　など

08 ＿＿＿＿ 法
：採用や賃金などで，企業
が女性を差別することを禁
止した法律。

男女が平等に活躍
できる社会を目指す，
男女共同参画社会基本法
も制定された。

THEME **基本的人権の尊重(1)**

自由権

自由権：国から制約を受けず，自由に考えたり行動したりする権利。

□ 09 ＿＿＿＿の自由：
自由にものを考えたり，
発表したりできる。

- 思想・良心の自由

- 信教の自由
- 集会・結社・表現の自由
- 学問の自由

□ 10 ＿＿＿＿の自由：
正当な理由がなく
身体を拘束されない。

- 奴隷的拘束・苦役からの自由

- 法定手続きの保障
- 逮捕・捜索などの要件
- 拷問の禁止　　　　　など

□ 11 ＿＿＿＿の自由：
好きな場所に住んだり，
職業を選んだりできる。

- 居住・移転・
　職業選択の自由

- 財産権の保障

社会権

社会権：人間らしい豊かな生活の保障を求める権利。

□ 12 ＿＿＿＿権：
「健康で文化的な
　13 ＿＿＿＿の生活を営む権利」。
☞ 日本国憲法第25条で保障。

貧困　　病気　　失業

□ 14 ＿＿＿＿権利：
すべての子どもが
学校で学習する権利。

義務教育は無償

□ 15 ＿＿＿＿の権利

義務でもある

□ 16 ＿＿＿＿権（労働三権）

17 ＿＿＿＿権，
団体交渉権，
団体行動（争議）権

THEME 公民 基本的人権の尊重(2)

√ まだまだ　√ もう少し　√ ばっちり

人権を守るための権利

☐ 01 _____ 権：国民が政治に参加する権利。

02 _____ 権：
選挙で投票する権利。

03 _____ 権：
選挙に立候補する権利。

最高裁判所裁判官の
04 _____ 権

衆議院議員総選挙と同時に行う

ほかに，地方自治特別法の住民投票権，憲法改正の国民投票権，請願権。

☐ 05 _____ 権：人権が侵害されたときに救済を求める権利。

06 _____ 権利：裁判所に裁判を求める権利。
国家賠償請求権：公務員から損害を受けた場合。
刑事補償請求権：裁判で無罪になった場合。

人権の制限と国民の義務

⚠ ☐ 07 _____ ：基本的人権は，社会全体の利益のために制限されることがある。

誰かがぼくの悪口を広めている！

免許証 医師免許証

ストライキ 公務員

他人の名誉を傷つける

無資格者の営業禁止

公務員のストライキ禁止

➔ 表現の自由の制限

➔ 職業選択の自由の制限

➔ 労働基本権の制限

☐ 憲法は，国民の権利だけでなく義務も定めている。

子どもに 08 _____
を受けさせる義務

09 _____ の義務

10 _____ の義務

子どもにとっては権利

税務署

権利でもある

社会
SOCIAL STUDIES

THE LOOSE-LEAF STUDY GUIDE
GAKKEN PLUS

LOOSE-LEAF COLLECTION
3

No.

Date

THEME 基本的人権の尊重(2)

新しい人権

> 社会の変化に伴って
> 主張されるようになる。

☐ 新しい人権：日本国憲法に直接的に規定されていない人権。

11 ＿＿＿権：人間らしい生活
ができる環境を求める権利。

> 日当たり
> 良好!
> 大規模な開発
> を行う場合。

➡ 環境アセスメント
（環境影響評価）を義務化。

12 ＿＿＿権利：国や地方公共団体
がもつ情報の公開を求める権利。

> 開示
> 請求
> 私の払った
> 消費税は
> どう使われるの？

➡ 国や地方公共団体が
情報公開制度を整備。

13 ＿＿＿の権利：
私生活や個人情報を守る権利。

> アイドル
> 住所名鑑

➡ 個人情報保護制度を設ける。

14 ＿＿＿権：自分の生き方
などを自由に決める権利。

> 臓器提供意思表示カード
> 厚生労働省・(公社)日本臓器移植ネットワーク
> ドナー情報用全国共通連絡先 0120-22-0149
> 臓器移植に関するお問い合わせ先：(公社)日本臓器移植ネットワーク
> フリーダイヤル 0120-78-1069 http://www.jotnw.or.jp

▲臓器提供意思表示カード

> 患者が，医師
> から十分な説明を
> 受けて同意。

インフォームド・コンセントが重要。

国際社会と人権

国際連合を中心に，国際的な人権保障の取り組み。

☐ **15** ＿＿＿：世界人権宣言に法的拘束力をもたせた条約。

☐ **16** ＿＿＿条約：子どもの人権を国際的
に保障するための条約。

☐ ほかに，人種差別撤廃条約，女子差別撤廃条約，
難民条約，障害者権利条約。

> 17歳のぼくも。

THEME 公民 民主政治と選挙，政党

まだまだ　もう少し　ばっちり

民主政治

□ 01 _____ ：民主主義に基づく政治。

民主主義：みんなで話し合って物事を
　　　　　決めようとする考え方。

> 意見が一致しない場合
> ↓
> 02 _____ の原理を採用。
> 少数意見の尊重も必要。

03 _____ 制：

全員が集まって物事を決める
方法。

04 _____ 制：

（議会制民主主義，代議制）
代表者が政治を行う方法。

選挙のしくみ

> 選挙で選ばれた議員。

□ 選挙の4原則

05 _____ 選挙

一定年齢以上の
すべての人が選挙権を
もつ。18歳！

06 _____ 選挙

無記名で投票する。

直接選挙

直接，候補者に
投票する。

07 _____ 選挙

一人が一票をもつ。

選挙制度

⚠ □ 08 _____ 制：

一つの選挙区から一人
を選出。

↓
- 死票が多い
- 大政党に有利

□ 09 _____ 制：

各政党の得票（数）に
応じて議席を配分。

↓
- 死票が少ない
- 政権が不安定

> 死票は，落選者に
> 投じられた票。

国会議員の選挙

衆議院：小選挙区比例代表並
立制（小選挙区制と比例代
表制を組み合わせ）。

参議院：選挙区選挙（都道府
県を単位）と比例代表制（全
国を一つの単位）。

THEME 民主政治と選挙, 政党

選挙の課題と政治参加

- [ ] 10 _____：選挙区によって有権者数と議員定数の割合に差がある。 → 一票の価値が不平等。
- [ ] 棄権が多く, 投票率が低い。
- [ ] 選挙権年齢が, 20歳以上から18歳以上に引き下げられた。

政党の役割

- [ ] 11 _____：政治上の理念や政策が同じ人たちがつくる団体。 → 政党政治。

12 _____：
内閣を組織し,
政権を担う。

13 _____：
与党以外の政党。

14 _____（連立内閣）：
複数の政党が政権を担う。

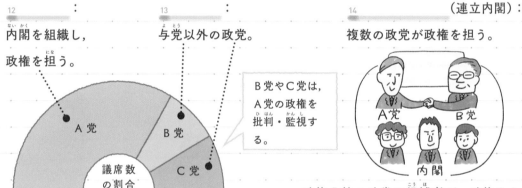

B党やC党は,
A党の政権を
批判・監視する。

議席数
の割合

A党　B党　C党

政権公約：政党や候補者が, 政権をとったときに行う政策などの約束。

マスメディアと世論

- [ ] マスメディアは世論の形成に大きな影響力をもつ。

メディアリテラシー（マスメディアの情報を的確に判断・活用する能力）が必要。

15 _____：
新聞, テレビ, 雑誌など

情報 →

16 _____ の形成：
人々の共通の意見のまとまり

← 意見・投稿

← 世論調査 →

国民

THEME 公民 **国会のしくみと仕事**

国会

- 国会の地位：＿＿01＿＿ の最高機関であり，唯一の ＿＿02＿＿ 機関である。
- ＿＿03＿＿：二つの議院からなる。

議院	＿＿04＿＿ 院		＿＿05＿＿ 院	
議員定数	100名 ＝ 465名		※248名	
	＿06＿ 289名	比例代表 176名	選挙区 148名	比例代表 100名
選挙権	＿07＿ 歳以上		＿07＿ 歳以上	
被選挙権	＿08＿ 歳以上		＿09＿ 歳以上	
任期	＿10＿ 年		＿11＿ 年 （3年ごとに半数改選）	
解散	あり		なし	

※参議院は2019年に245名になり，2022年の参議院議員選挙で248名に増える予定。

国会の種類

- 国会には次のような種類がある。

種類	召集
＿12＿ （通常国会）	毎年1回，1月中に召集される。会期は150日間
＿13＿ （臨時国会）	内閣が必要と認めたとき，またはいずれかの議院の総議員の4分の1以上の要求があったときに召集される
＿14＿ （特別国会）	衆議院解散後の総選挙の日から30日以内に召集される
参議院の緊急集会	衆議院の解散中に緊急の必要があるとき，内閣の要求により開かれる

国会の仕事

☐ 国会が行う仕事は憲法で
定められている。

- 15 _____ の制定（立法）

- 16 _____ の審議・議決
- 条約の承認
- 国政調査権
- 弾劾裁判所の設置
- 17 _____ の指名
- 憲法改正の発議

> １年間の歳入と
> 歳出の見積もり。

法律ができるまで

☐ 衆議院・参議院に分かれて審議・議決が行われ，先に
どちらかで議決したのち，もう一方の議院に送られる。

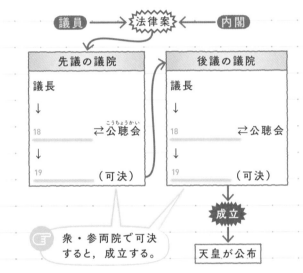

衆・参両院で可決
すると，成立する。

衆議院の優越

☐ 20 _____ ：衆議院は任期が短く解散があるため，国民の意見をより反映しや

すいと考えられている。 ➡ 参議院より強い権限が与えられている。

法律案の議決	衆議院で可決，参議院で否決 ➡ 衆議院で出席議員の 21 _____ 以上の賛成で再可決 ➡ 成立	
・予算の議決 ・条約の承認 ・内閣総理大臣の指名	(1)衆参両院で議決が異なる 　→両院協議会でも意見が不一致 (2)衆議院で可決後，参議院が30日以内 　（内閣総理大臣の場合は10日以内）に 　議決しない	➡ 22 _____ の議決が 国会の議決になる
予算の先議	予算は 22 _____ が先に審議する	
内閣信任・不信任の決議	22 _____ のみ行うことができる	

THEME 公民 **内閣のしくみと仕事**

✓ まだまだ　✓ もう少し　✓ ばっちり

内閣（ないかく）

☐ 01 ＿＿＿＿＿＿＿：法律や予算に基づいて政治を行うこと。国の行政と地方行政。

☐ 内閣：国の行政全体の責任をもつ，行政の最高機関。

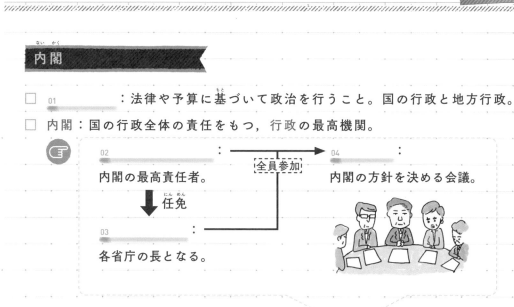

02 ＿＿＿＿＿：　→　04 ＿＿＿＿＿：
内閣の最高責任者。　全員参加　内閣の方針を決める会議。

任免（にんめん）

03 ＿＿＿＿＿：
各省庁の長となる。

国の主な行政機関

府や省庁などが行政の仕事を分担する。

国務大臣を長とする省庁

内閣

人　事　院　会計検査院（内閣から独立）
内閣府　内閣官房　内閣法制局
宮内庁　復興庁　国家安全保障会議
※2030年度末までに廃止予定。

公正取引委員会 | 金融庁 | 消費者庁 | 国家公安委員会 | 防衛省（防衛装備庁） | 総務省（消防庁ほか） | 法務省（公安調査庁ほか） | 外務省 | 財務省（国税庁） | 文部科学省（文化庁ほか） | 厚生労働省 | 農林水産省（中央労働委員会・水産庁ほか） | 経済産業省（中小企業庁・特許庁ほか） | 国土交通省（気象庁ほか） | 環境省（原子力規制委員会）

内閣と国会の関係

⚠☐ 05 ＿＿＿＿＿＿＿：内閣は 06 ＿＿＿＿＿ の信任で成立し，国会に対して責任を負う。

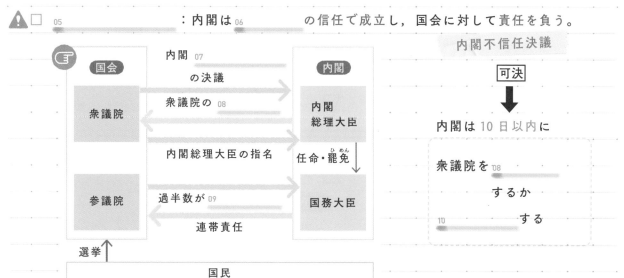

内閣不信任決議

【国会】　　内閣 07 ＿＿＿＿＿ の決議　　【内閣】

衆議院　衆議院の 08 ＿＿＿＿＿　内閣総理大臣

可決

内閣総理大臣の指名　　任命・罷免（ひめん）↓

内閣は 10 日以内に

参議院　過半数が 09 ＿＿＿＿＿　国務大臣

衆議院を 08 ＿＿＿＿＿ するか 10 ＿＿＿＿＿ する

連帯責任

選挙↑

国民

社会
SOCIAL STUDIES
LOOSE-LEAF STUDY GUIDE
GAKKEN
-PLUS-
No.
Date

THEME **内閣のしくみと仕事**

内閣の仕事

☐ 内閣が行う仕事は日本国憲法で定められている。

● 11 [____] の執行

● 12 [____] の作成

● 最高裁判所長官の指名と
その他の裁判官の任命

● 外交関係の処理
● 13 [____] の締結

● 14 [____] の制定

● 天皇の 15 [____]
に対する助言と承認

行政の役割と課題

☐ 16 [____] :

国や地方公共団体の行政を担当する職員。

┌ 一部の人々のためでなく，
│「全体の奉仕者」として働く。 ┘

☐ 行政権の拡大：

行政の仕事が増え，複雑になる。

➡ 費用や公務員の数も増加。

17 [____] :
行政の無駄を省き，効率化を目指す。

18 [____] ：規制を緩め，
自由な経済活動をうながす。

 大きな政府
・社会保障
・雇用対策
→ 多様な仕事

国民

 小さな政府
・安全保障
・治安維持
→ 最小限の仕事

多い税金　　少ない税金

No. 社会 SOCIAL STUDIES
Date

THEME 公民 **裁判所のしくみと仕事／三権分立** ✓ まだまだ ✓ もう少し ✓ ばっちり

裁判所

☐ 01 ＿＿＿＿＿（裁判）：法に基づいて争いや事件を解決すること。裁判所が担当。

02 ＿＿＿＿＿（裁判官）の独立：

裁判官は自分の良心に従い，

憲法と法律にのみ拘束される。

裁判所の種類

03 ＿＿＿＿＿裁判所	最終的な裁判を行う。
	全国に1か所（東京都）
04 ＿＿＿＿＿裁判所	高等裁判所（全国に8か所）
	地方裁判所（全国に50か所）
	家庭裁判所（全国に50か所）
	簡易裁判所（全国に438か所）

裁判の種類

☐ 05 ＿＿＿＿＿：企業や個人などの間で
起きた争いを解決する裁判。

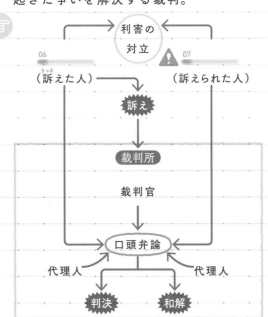

☐ 08 ＿＿＿＿＿：犯罪行為について，
有罪か無罪かを決める裁判。

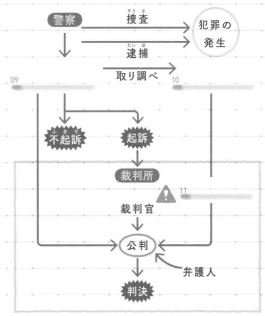

刑事裁判と人権保障　令状（逮捕や捜索のため裁判官が出す），公開裁判，弁護人（弁

護士）を頼む権利，自白の強要や拷問の禁止，黙秘権など。

THEME 裁判所のしくみと仕事／三権分立

三審制

□ 12 ____：同じ事件について３回まで裁判を受けられる制度。

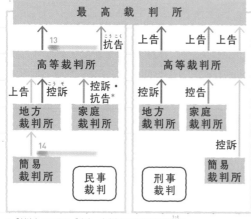

最高裁判所

13 ____ 抗告　上告↑ 上告 上告↑

高等裁判所　　　高等裁判所

上告↑ 控訴↑ 控訴・抗告*　控訴↑ 控告↑

地方裁判所　家庭裁判所　　地方裁判所　家庭裁判所

控訴

14 ____

簡易裁判所　　民事裁判　　刑事裁判　　簡易裁判所

* 「判決」ではない「決定・命令」が不服な場合の訴え。

再審：刑の確定後，重大な誤りの疑いが出た場合に行われるやり直しの裁判。

司法制度改革

□ 15 ____：重大な刑事事件の第一審に国民が参加する制度。

満20歳以上から，くじと面接で選ぶ。

公判　→　評議 評決　→　判決

裁判官といっしょに法廷に出て，双方の主張を聞く。

有罪か無罪か，科す刑罰を話し合い（評議），決定する（評決）。

裁判長が被告人に判決を言い渡す。

三権の抑制と均衡

□ 16 ____（権力分立）：国の権力を三つに分け，それぞれの機関が抑制し合い，均衡を保つしくみ。

権力の集中を防ぎ，国民の人権を守るためのしくみ。

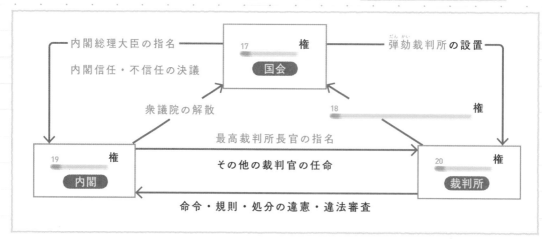

内閣総理大臣の指名

内閣信任・不信任の決議

17 ____ 権
国会

弾劾裁判所の設置

衆議院の解散

18 ____ 権

最高裁判所長官の指名

19 ____ 権
内閣

その他の裁判官の任命

20 ____ 権
裁判所

命令・規則・処分の違憲・違法審査

□ 18 ____ 権：法律などが憲法違反でないかを判断する権限。

「 21 ____ 」：最終的な決定権をもつ最高裁判所。

THEME　公民　**地方自治のしくみ**

地方自治のしくみ

☐ 01 ＿＿＿＿＿　：地域住民が自らの意思と責任で地域の政治を行うこと。

　　　　　➜　地方自治は「民主主義の学校」。

02 ＿＿＿＿＿（地方自治体）：地方自治を行う都道府県や市（区）町村。

03 ＿＿＿＿＿：地方公共団体の長。都道府県知事と市（区）町村長。

04 ＿＿＿＿＿：地方公共団体が定める独自の法。

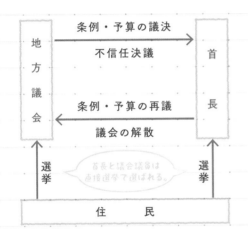

条例・予算の議決
不信任決議
地方議会 ⟶ 首長
条例・予算の再議
議会の解散

地方議会 ⟵ 首長

選挙　　　　首長と議会議員は直接選挙で選ばれる。　　　選挙

住　　民

地方選挙

	選挙権	被選挙権	任期
市（区）町村長	満18歳以上	満25歳以上	4年
都道府県知事		満 05 ＿＿ 歳以上	
地方議会の議員		満25歳以上	

地方分権：国の仕事や財源を

　　　　　地方公共団体に移すこと。

直接請求権

☐ 06 ＿＿＿＿＿権：地域住民が，一定数の署名を集めて請求できる権利。

		請求先	必要な署名数
⚠	条例の制定・改廃の請求	首長	（有権者の）07 ＿＿＿ 以上
	監査請求	監査委員	（有権者の）08 ＿＿＿ 以上
	議会の解散請求	09 ＿＿＿	（有権者の）10 ＿＿＿ 以上
解職請求	議員・首長	選挙管理委員会	（有権者の）11 ＿＿＿ 以上
	副知事・副市（区）町村長・各委員	首長	

住民が地方自治に直接
参加する直接民主制の
要素を採用。

人の地位や職を奪う請求は
慎重に行われる必要があるため，
多くの署名数が必要だ。

地方財政

☐ 12 _____：地方公共団体が行う経済活動。

> 自主財源が少ない。 ➡ 依存財源で補う。

> 住民が納める 13 _____ など

> 国からの支出，地方公共団体の借金

住民 ──税金──→ 国の歳出

税金 ↓   ↓ 国からの補助や交付

地方公共団体
▼ 地方財政の歳入・歳出の構成（2020年度）

歳入　地方税 44.7%　18.5　17.1　10.1　9.6
　　　　　　　　　　　　　　　　　　　その他

歳出　一般行政経費 44.2%　給与関係経費 22.1　投資的経費 14.7　公債費 12.9　6.1

（2020/21年版『日本国勢図会』）

14 _____：地方公共団体の財政格差を抑えるために国が配分する。

使いみちは自由です

15 _____：義務教育や公共事業など，国が使いみちを指定して配分する。

公共事業に使うように

16 _____：地方公共団体が借り入れた借金。

資金が足りない！

住民参加の拡大

☐ 条例に基づく 17 _____：
地域の重要な問題について，住民が賛否の意思を示す投票。

> 結果に法的拘束力はない。

市町村合併：地方行政の効率化を目的に，近隣の市町村の合併が進められた。

☐ 住民運動の広がり：
18 _____（非営利組織）やボランティアなどが活動している。

THEME 公民 家計と価格

✓ まだまだ ✓ もう少し ✓ ばっちり

家計と消費生活

☐ 経済：生活に必要なもの（商品）の生産，流通，消費のしくみの全体。

01 ＿＿＿＿＿：形のある商品。

〔食料品，衣類，自動車 など〕

02 ＿＿＿＿＿：形のない商品。

〔医療，美容院でのカット など〕

▲消費者と生産者との関係

土地や株式など
から得る。

☐ 03 ＿＿＿＿＿：個人や家族が行う，消費生活を中心とした経済活動。

収入（04 ＿＿＿＿）：給与収入（所得），事業収入（所得），財産収入（所得）。

支出： 05 ＿＿＿＿＿　　非消費支出　　06 ＿＿＿＿＿

〔食料費，通信費 など〕　〔税金や保険料 など〕　〔将来に備えるためのもの〕

☐ 資源と消費

求める量に対して商品（資源）
の量が不足した状態。

商品（資源）
には限りがある　→　そのため　→　07 ＿＿＿＿ 性
が生じる

そこで　→　適切な　選択
が必要になる

支払いの手段

☐ 現金通貨：紙幣や硬貨。

☐ キャッシュレス決済：

08 ＿＿＿＿＿

（代金を後払いで決済する）
や，電子マネー（お金の情報
をデジタル化したカード）。

消費者の権利と保護

☐ 消費者主権：消費者が自分の意思と判断で商品を買うこと。

消費者の
四つの権利

●安全を求める権利　●知らされる権利
●選択する権利　●意見を反映させる権利

☐ 09 ＿＿＿＿＿：商品の売買が成立すること。　➡　契約自由の原則。

消費者問題への対策

☐ 10 ＿＿＿＿＿

制度：

●商品購入後，一定期間内であれば，その契約を無条件で解除できる。

やっぱり必要
ではありません

せっかり
お得
だよ！！

☐ 製造物責任

（11 ＿＿＿＿）法：

●欠陥商品で消費者が被害を受けた場合，企業の過失が証明できなくても救済を求めることができる。

すみません
でした。

☐ 12 ＿＿＿＿＿

法：

●商品の説明が事実と異なる場合，契約を取り消せる。

事故歴
ありません！

THEME 家計と価格

流通のしくみ

□ 13 _____：商品が生産者から消費者に届くまでの流れ。

商業：流通に関わる卸売業や小売業など。

流通のしくみ （農産物の場合）

生産者　　14 _____ 業者　　15 _____ 業者　　消費者

流通の合理化

- 商品の直接仕入れや一括仕入れ
- 売上や在庫のコンピューター管理（POS システムなど）
- インターネットなどでの通信販売

市場経済と価格のはたらき

> 市場は，商品が売買される場のこと。

□ 市場経済：市場を中心に営まれる経済。 ➡ 16 _____ は市場で決まる価格。

□ 価格（市場価格）の上下により，

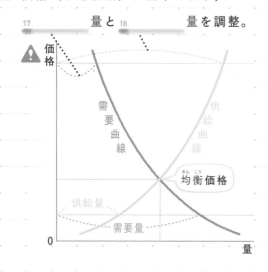

17 _____ 量と 18 _____ 量を調整。

価格
需要曲線
供給曲線
均衡価格
供給量
需要量
0　　　　　　　量

| 需要量 ＞ 供給量 |
| 価格が 20 _____ |
| 高くて買えない | もうかるからたくさん売ろう！ よっしゃ！ |
| 需要量が減る ↘ | 供給量が増える ↗ |

需要量 ＜ 供給量 の場合は

需要量 ＞ 供給量 の場合と

逆の現象が起こる

☞ 19 _____：需要量と供給量のつり合いがとれた価格。

公正取引委員会が運営する。

特別な価格

公正な競争

□ 21 _____ 価格：
少数の企業が一方的に決める。

□ 22 _____ ：
国などが決めたり認可したりする。

□ 23 _____ 法：
公正で自由な競争をうながす。

THEME 公民 生産と企業・労働

生産活動

- ☐ 生産：財（もの）やサービスをつくり出すこと。
  > それぞれが得意なものを専門的に生産。
- ☐ 経済は 01 _____ と交換で成り立つ。
- ☐ 02 _____ 経済：企業などが資本を元手にして利潤を目的に行う生産活動。
- ☐ 03 _____ （イノベーション）：新商品の開発や生産，技術の開発。
  ➡ 経済成長の原動力になる。

生産の三要素
- ●土地（自然） ●設備（資本） ●労働力

企業の種類

- ☐ 04 _____ ：主に財（もの）やサービスの生産を担当する組織。
- ☐ 起業：新しく企業をおこしたりすること。

05 _____ 企業：民間が経営し，利潤（利益）の追求が最大の目的。	個人企業	農家，個人商店など
	法人企業	会社企業（株式会社など），組合企業（農業協同組合など）
06 _____ 企業：国や地方公共団体の資金で運営する。利潤でなく公共の利益が目的。	地方公営企業	水道，バスなど
	独立行政法人	造幣局，国立印刷局，国際協力機構（JICA）など

- ☐ 07 _____ 企業：日本の企業数の約99％を占める。
  ➡ 大企業の下請けが多い。
- ☐ ベンチャー企業：独自の先進技術やアイデアなどを活用して急成長している中小企業。
- ☐ 企業の 08 _____ （CSR）：企業には，利潤の追求だけでなく，社会の一員としての役割を果たすことが求められている。

	1.0%	
事業所数 35万7754（2018年）	99.0	
従業員数 803万人（2017年）	32.1%	67.9
出荷額 321兆9395億円（2017年）	大企業 52.5%	中小企業 47.5

（2020/21年版「日本国勢図会」）

▲製造業における大企業と中小企業

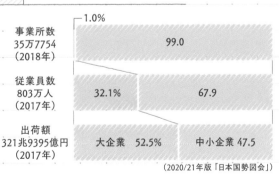

- ●法令を守る
- ●情報公開
- ●雇用を確保

さらに 社会貢献 → 環境 文化 福祉

株式会社のしくみ

法人（会社）企業の代表的な形態。

☐ 09 ＿＿＿＿＿＿＿：株式を発行し，多くの人から資金を集めて設立する企業。

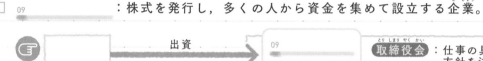

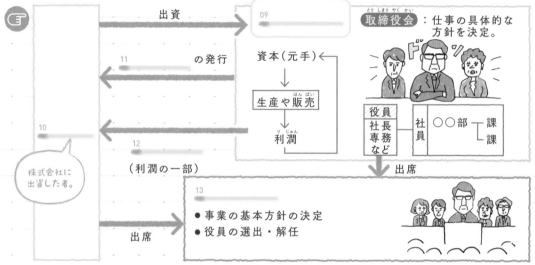

取締役会：仕事の具体的な方針を決定。

- 出資
- 09 ＿＿＿＿
- 資本（元手）
  - → 生産や販売
  - → 利潤
- 11 ＿＿＿＿ の発行
- 10 ＿＿＿＿

株式会社に出資した者。

- 12 ＿＿＿＿（利潤の一部）
- 出席

役員 社長 専務 など｜社員 ○○部 ┬課 └課

出席

13 ＿＿＿＿
- ● 事業の基本方針の決定
- ● 役員の選出・解任

労働者の権利

☐ 労働三法：**労働三権を保障する。**

- 14 ＿＿＿＿法：労働時間など，労働条件の最低基準を定める。
- 15 ＿＿＿＿法：労働組合をつくることを保障。
- 16 ＿＿＿＿法：労働者と使用者との間を調整する。

労働時間

月	火	水	木	金

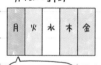

1日8時間以内

週40時間以内

労働環境の変化

☐ 終身雇用 ⇢ 17 ＿＿＿＿労働者が増加。
（パートや派遣労働者など）

☐ 年功序列賃金 ⇢ 能力給や成果主義。

能力や仕事の達成度などで賃金を決める。

格差

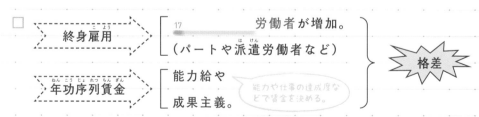

☐ 18 ＿＿＿＿労働者：外国から来て働いている人。 ➡ 悪い条件で働く場合が多い。

☐ 19 ＿＿＿＿：仕事と生活を両立させること。

THEME 公民 **金融のしくみとはたらき**

✓ まだまだ　✓ もう少し　✓ ばっちり

金融のしくみとはたらき

□ 01 ＿＿＿＿：個人や企業との間で行われるお金の貸し借り（融通）。

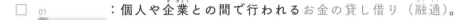
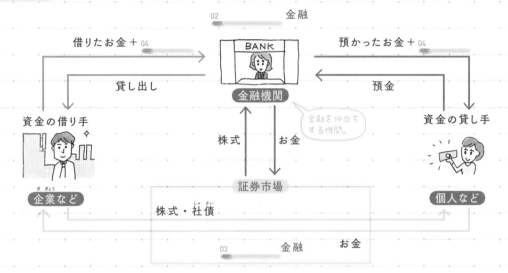

02 ＿＿＿ 金融

借りたお金＋04 ＿＿＿　　　預かったお金＋04 ＿＿＿

BANK

貸し出し　　　　　　　　預金

金融機関

金融を仲立ち
する機関。

資金の借り手　　　　　　　　　　　　　　資金の貸し手

株式　　お金

証券市場

企業など　　株式・社債　　個人など

03 ＿＿＿ 金融　　お金

日本銀行のはたらき

□ 日本銀行：日本の 05 ＿＿＿＿＿ として，政府（国）の資金を扱ったり，
一般の金融機関と取り引きを行ったりする。

□ 🈁 一般の銀行

〇〇銀行

日本銀行券の発行
日本銀行券の回収

07 ＿＿＿ 銀行

預金の引き出し・貸し出し
預金

08 ＿＿＿ の銀行

06 ＿＿＿ 銀行

（写真提供：日本銀行）

09 ＿＿＿ の銀行

国の資金の
預け入れ

国の資金の
引き出し

政府

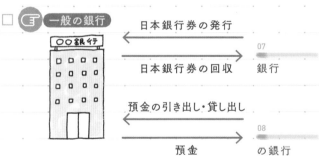

日本銀行の三つの役割

07 ＿＿＿ 銀行…日本銀行券を発行する。

08 ＿＿＿ の銀行…金融機関と取り引きする。

09 ＿＿＿ の銀行…政府の資金を扱う。

THEME 金融のしくみとはたらき

日本銀行の政策

☐ 10 _____ ：日本銀行が，物価や景気の安定をはかるために行う政策。

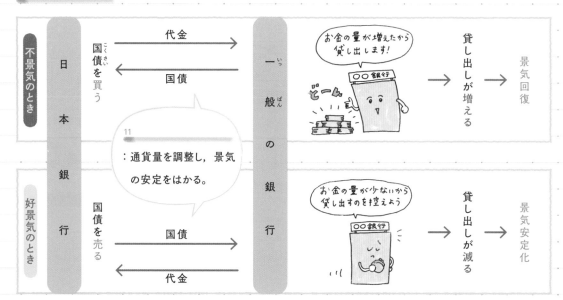

11 _____ ：通貨量を調整し，景気の安定をはかる。

お金の量が増えたから貸し出します！

貸し出しが増える → 景気回復

お金の量が少ないから貸し出すのを控えよう

貸し出しが減る → 景気安定化

景気と物価の変動

☐ 好景気と不景気は交互に繰り返す。

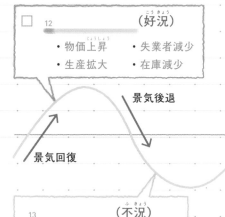

☐ 12 _____ （好況）
・物価上昇　・失業者減少
・生産拡大　・在庫減少

景気後退

景気回復

☐ 13 _____ （不況）
・物価下落　・失業者増加
・生産縮小　・在庫増大

物価の変動

☐ 物価：いろいろな商品の価格を
まとめて平均したもの。

☐ 14 _____ （インフレ）：
物価が上がり（↗）続け，
貨幣の価値が下がる（↘）現象。

☐ 15 _____ （デフレ）：
物価が下がり（↘）続け，
貨幣の価値が上がる（↗）現象。

経済成長は，
GDP が年々大きくなること。

☐ 16 _____ （GDP）：1 年間に国内で新しく生み出された財とサービスの価値の合計。

THEME 公民 **財政のはたらき**

財政の役割

☐ 01 ＿＿＿＿＿：政府（国や地方公共団体）の経済的な活動。

主な役割

資源配分の調整
民間企業だけでは十分に供給されない財や公共サービスを提供する。
02 ＿＿＿＿＿ の再分配
累進課税や社会保障などで，経済格差を是正する。
03 ＿＿＿＿＿（経済）の安定化
減税や増税，公共投資の増減などで景気を安定させる。

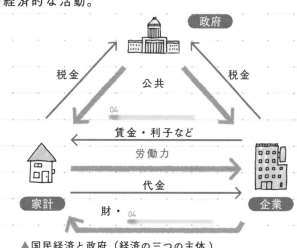

税金　公共　税金
政府
04 ＿＿＿＿
賃金・利子など
労働力
代金
財・04 ＿＿＿＿
家計　　企業

▲国民経済と政府（経済の三つの主体）

> 市場経済における公平さの確保もある。

国の収入と支出

☐ 予算：1年間の政府の収入（05 ＿＿＿＿＿）と支出（06 ＿＿＿＿＿）。

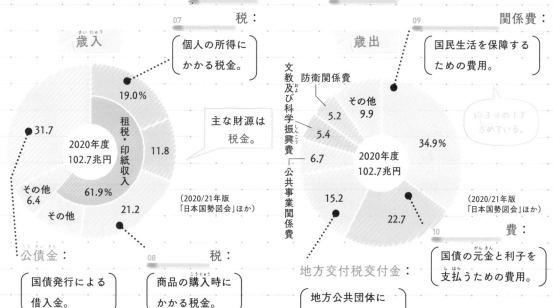

歳入

07 ＿＿＿＿ 税：
> 個人の所得にかかる税金。

19.0%
租税・印紙収入
2020年度
102.7兆円
61.9%
11.8
21.2
31.7
その他 6.4
その他

> 主な財源は税金。

（2020/21年版「日本国勢図会」ほか）

公債金：
> 国債発行による借入金。

08 ＿＿＿＿ 税：
> 商品の購入時にかかる税金。

歳出

文教及び科学振興費
防衛関係費
公共事業関係費

09 ＿＿＿＿ 関係費：
> 国民生活を保障するための費用。

その他 9.9
5.2
5.4
6.7
34.9%
2020年度
102.7兆円
15.2
22.7

> 約3分の1を占めている。

（2020/21年版「日本国勢図会」ほか）

10 ＿＿＿＿ 費：
> 国債の元金と利子を支払うための費用。

地方交付税交付金：
> 地方公共団体に交付する費用。

THEME 財政のはたらき

税金と公債

☐ 11 _____ （租税）：国や地方公共団体が家計や企業から強制的に集めるお金。

納める先や納め方の違いによって分類される。

所得税や相続税などで。

12 _____ （制度）：課税対象の所得が多くなるほど税率を高くする制度。

税の納め方	税を納めるところ	15 _____ ： 国に納める	16 _____ ： 地方公共団体に納める
13 _____ ：税を納める人と負担する人が同じ		所得税 法人税 相続税 贈与税　　　　　など	道府県民税 事業税 自動車税 固定資産税　　　　　など
14 _____ ：税を納める人と負担する人が異なる		消費税 酒税　　　たばこ税 揮発油税　　関税　　など	地方消費税 道府県たばこ税 ゴルフ場利用税 入湯税　　　　　など

☐ 公債：財政収入の不足を補うために発行する借金の証書。17 _____ 債と地方債。

国の歳入に占める公債金の割合が高く，財政赤字が拡大している。

景気変動と財政政策

☐ 18 _____ ：国（政府）が景気を安定させるために行う経済政策。

好景気のとき		不景気のとき	
公共事業への支出を 19 _____ 。	20 _____ をする。	公共事業への支出を 21 _____ 。	22 _____ をする。
この道路の建設計画はとりやめ	税金が高くなったから、買い物はがまんしましょう	さあ，うちの会社もいそがしくなるぞ！	ゆとりができたからもっと買い物ができるわね
生産が縮小する	消費が減る	生産が拡大する	消費が活発になる
↓		↓	
経済活動を抑える		経済活動を活発にする	

社会
SOCIAL STUDIES

THEME 公民 **国民生活の向上と福祉**

まだまだ ✓ / もう少し ✓ / ばっちり ✓

日本の社会保障制度

☐ 01 _____ 制度：国が国民の生活を保障する制度。

→ 日本では，日本国憲法第25条の生存権の規定に基づいて整備。

02 _____ ：

加入者が掛け金を積み立て，病気・高齢・失業などの際に保険金やサービスの給付を受ける。
医療保険/介護保険/年金保険など

03 _____ ：

生活保護法に基づいて，収入が少なく，生活の苦しい人に対して生活費などを給付する。

04 _____ ：

働くことが困難な人（高齢者・児童・障がい者など）を保護・援助する。

05 _____ ：

感染症の予防や環境の改善など，国民全体の健康を増進するための対策を行う。

社会保障制度の課題

☐ 少子高齢化が進行。
社会保障関係の費用が増加しているのに，それを支える働く世代が減少。 → 現役世代の負担が重い。

医療，年金，福祉などの社会保障関係の費用が年々増加。

☐ 06 _____ 制度：40歳以上が加入し，介護が必要と認定されると必要なサービスを受けられる。

社会保障給付費の推移

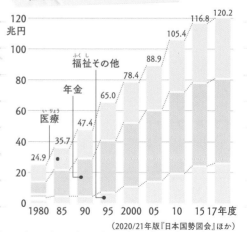

120 兆円
100
80
78.4
65.0
47.4
60
医療
35.7
40
24.9
20
0
1980 85 90 95 2000 05 10 15 17年度

福祉その他
年金
医療

88.9
105.4
116.8 120.2

（2020/21年版『日本国勢図会』ほか）

持続可能な社会保障制度のために

自助 ━ 共助 ━ 公助

自分で守る（民間の保険・預貯金など）

ともに支え合う（社会保険）

困った人を助ける（社会福祉・公的扶助・公衆衛生）

の適切な組み合わせが必要。

公害の防止と環境保全

☐ 07 ＿＿＿＿＿：企業の生産活動や人々の生活で，

人々の健康や生活環境が損なわれること。

> 大気汚染，水質汚濁，土壌汚染，騒音，
> 振動，地盤沈下，悪臭など。

四大公害病と裁判

	新潟 08	四日市ぜんそく	09	08
地域	阿賀野川流域	三重県四日市市	富山県神通川流域	八代海沿岸 熊本県・鹿児島県
原因	水質汚濁	大気汚染	水質汚濁	水質汚濁
判決	1970年代前半に患者側が全面勝訴。			

対策

☐ 10 ＿＿＿＿法：公害対策基本法を発展させ，地球環境問題にも対応。

☐ 11 ＿＿＿＿：できるだけ環境に負担のかからないことを目指す社会。

3 R：リデュース（ごみを減らす），リユース（繰り返し使う），リサイクル（再利用する）。

グローバル化と日本経済

☐ 12 ＿＿＿相場（為替レート）：異なる通貨と通貨の交換比率。

13 ＿＿＿＿ 1ドル＝80円　　　　　1ドル＝100円　　　　14 ＿＿＿＿ 1ドル＝120円

☞ 円の価値が上がる。　　　　　　　　　　　　☞ 円の価値が下がる。

└→輸入に有利・輸出に不利。　　　　　　　　　　└→輸入に不利・輸出に有利。

☐ 経済がグローバル化している。

15 ＿＿＿＿企業：世界的に活動する企業。

産業の 16 ＿＿＿＿：生産拠点が海外に移り，国内産業が衰退している。

LOOSE-LEAF COLLECTION 3

THEME 公民 **国際社会のしくみ**

☑ まだまだ ☑ もう少し ☑ ばっちり

国際社会のしくみ

☐ 国際社会：他国に支配されない ___01___ で構成される。

> 条約や国際慣習法などがある。

___02___ 法：国際社会で守らなければならない国家間のきまり（ルール）。

国旗と国歌：国家の象徴。日本は「日章旗（日の丸）」と「君が代」。

☐ 国の領域：国の主権がおよぶ範囲。 ➡ 領土，領海，領空からなる。

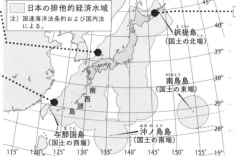

大気圏内
かいり
12海里
200海里
公海
（領海，経済水域以外の海）

___03___ ：領土・領海の上空（大気圏内まで）。

___04___ ：国が支配している陸地（土地）。

___05___ ：領土から 12 海里（約 22 km）の範囲。

___06___ ：領海の外側で，海岸線から 200 海里（約 370 km）までの範囲。

> 水産資源や鉱産資源の権利は沿岸国にある。

日本の領土をめぐる問題

日本の排他的経済水域
注）国連海洋法条約および国内法による。

択捉島（国土の北端）
南鳥島（国土の東端）
与那国島（国土の西端）
沖ノ鳥島（国土の南端）
南西諸島

☐ ___07___ （島根県）…：韓国が不法に占拠。

☐ ___08___ （沖縄県）：中国が領有権を主張。

☐ ___09___ （北海道）：歯舞群島，色丹島，国後島，択捉島。1945 年にソ連が占領，現在はロシアが不法に占拠。

国際連合のしくみ

☐ ___10___ ：世界の平和と安全の維持を最大の目的とする国際機関。

経済社会理事会

主な専門機関
● 国連教育科学文化機関 UNESCO
● 国際通貨基金 IMF
● 世界保健機関 WHO

国際司法裁判所

国連児童基金 UNICEF

事務局

総会

安全保障理事会

平和維持活動 PKO

世界貿易機関 WTO

信託統治理事会（活動を停止中）

☐ ___11___ ：全加盟国で構成。

☐ ___12___

常任理事国：___13___ 権をもつ。
> 1国でも反対すると決議できない。

アメリカ，イギリス，フランス，中国，ロシアの五大国。

非常任理事国：任期 2 年の 10 か国。

☐ ___14___ （PKO）：停戦や選挙の監視など。

THEME **国際社会のしくみ**

地域主義

☐ **15** ＿＿＿＿＿＿（リージョナリズム）：特定の地域で結びつきを強める動き。

EU 加盟国

その他の地域機構

□EU加盟国
加盟国数：27か国
（2020年12月現在）

※ギリシャ系住民が主流の
南部のキプロス共和国

デンマーク
アイルランド
オランダ
ベルギー
ルクセンブルク
フランス
ドイツ
チェコ
イタリア
スロベニア
クロアチア
ポルトガル
スペイン
マルタ
キプロス
ギリシャ
ブルガリア
ルーマニア
ハンガリー
スロバキア
オーストリア
ポーランド
リトアニア
ラトビア
エストニア
フィンランド
スウェーデン

ASEAN（東南アジア諸国連合）
加盟国数：10か国

APEC（アジア太平洋経済協力会議）
加盟国・地域数：21か国・地域

USMCA
（アメリカ・メキシコ・カナダ協定）
加盟国数：3か国

☐ **16** ＿＿＿＿＿＿＿（EU）
：EC から発展。
ヨーロッパの政治的・経済的
統合を目指す。

```
●人・もの・お金の移動が自由。
● 17 ＿＿＿＿＿：共通通貨。
●外交・安全保障政策が共通。
```

（2020年12月現在）

☐ **18** ＿＿＿＿＿＿（東南アジア諸国連合）：
東南アジアの経済・社会の発展などを目指す。

☐ **19** ＿＿＿＿＿＿（アジア太平洋経済協力会議）
：環太平洋地域の経済協力を進める。

☐ NAFTA（北米自由貿易協定）に代わる，
アメリカ・メキシコ・カナダ協定が結ばれた。
└─ USMCA

経済格差の問題

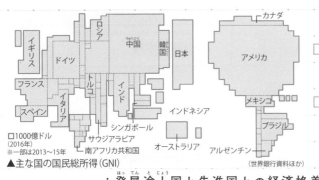

カナダ
ロシア
イギリス
ドイツ
中国
韓国
日本
アメリカ
フランス
トルコ
イタリア
インド
スペイン
シンガポール
サウジアラビア
南アフリカ共和国
インドネシア
メキシコ
ブラジル
オーストラリア
アルゼンチン

□1000億ドル
（2016年）
※一部は2013～15年

▲主な国の国民総所得（GNI）

（世界銀行資料ほか）

地球の南に多い。

☐ **20** ＿＿＿＿＿＿：経済の発展が
遅れている国。

☐ 新興工業経済地域（NIES）
：急速に経済成長をした韓国，台
湾などの新興国。

☐ **21** ＿＿＿＿＿：発展途上国と先進国との経済格差とそれに伴う問題。

☐ **22** ＿＿＿＿＿：発展途上国の中での経済格差の問題。

THEME 公民 **国際社会の課題**

まだまだ　もう少し　ばっちり

地球環境問題

人間の活動で自然などが破壊され，地球規模のさまざまな環境問題が起きている。

☐ 01 ＿＿＿＿＿＿＿＿＿＿：二酸化炭素
などの 02 ＿＿＿＿＿＿＿＿＿＿ の増加に
より，地球の平均気温が上がる。

温暖化対策

条約・協定ほか	会議
気候変動枠組条約 1992 年	国連環境開発会議 （地球サミット）
03 ＿＿＿＿＿＿＿ 1997 年	地球温暖化防止京都会議。 温室効果ガスの削減を先進国に義務づけ。
04 ＿＿＿ 協定 2015 年	京都議定書に代わる新たな取り決め。 発展途上国も温室効果ガスの削減義務。

☐ ほかに，砂漠化，05 ＿＿＿＿＿＿ 雨，オゾン層の破壊などの問題。
└ 化石燃料の燃焼などが原因

資源・エネルギー

シェールガスや
メタンハイドレートなど。

☐ 06 ＿＿＿＿＿＿＿：石炭，石油，天然ガスなど。
　➡ 限りがあるため，省資源・省エネルギーや，新しい資源の開発に取り組む。
☐ 日本の発電は 07 ＿＿＿＿ 発電中心で，2011 年
の事故以降 08 ＿＿＿＿＿＿ 発電の割合は低下。
☐ 09 ＿＿＿＿＿＿ エネルギー：繰り返し利用
でき，二酸化炭素をほとんど排出しない。

10 ＿＿＿ 発電　　11 ＿＿＿ 発電

人口の急増と貧困

医療技術の進歩
などによる。

☐ 発展途上国の人口が，死亡率の低下などで急増。
しかし，経済成長が追いつかない。

☐ ➡ 12 ＿＿＿＿：1 日に 1.9 ドル未満で生活している状態。
☐ ➡ 発展途上国では 7 人に 1 人が飢餓に直面。
☐ 13 ＿＿＿＿＿＿＿（公正貿易）などで自立を支える。

食料配分のかたより

発展途上国
人口の急増，紛争，不作
などで深刻な食料不足→飢餓

世界の食料配分

穀物を家畜の飼料や燃料用と
して消費，食品ロス（捨てる）
先進国

これからの国際社会

☐ 地域紛争：一つの国や地域で，民族や宗教の違いから深刻な対立が生まれている。

☐ 14 _____ の終結　　　15 _____ の多発　　大量の 16 _____

・米ソの力の　　　　　　　　国内や周辺国との紛争の　　戦争・災害などで
　バランスが崩れる。　　　　多くは，民族紛争の形で　　自国を離れなくては
・社会主義体制が崩れる。　　起こる。　　　　　　　　　ならない人々が増える。

☐ 17 _____ ：政治的目的のために，暗殺など暴力的・非合法な手段を行使すること。

➡ 2001 年にアメリカで同時多発テロが発生。

> 無差別に一般の人々
> を巻き込む。

☐ 核軍縮：核兵器の生産・実験・拡散を抑制する動き。

➡ 部分的核実験禁止条約，18 _____ 条約（NPT），核兵器禁止条約など。

これからの国際社会

日本の国際貢献

> 自衛隊のPKOや青年海外協
> 力隊の派遣も国際貢献。

☐ 日本外交：平和主義と国際貢献が重要な柱。

☐ 19 _____ （ODA）：発展途上国に対し
て先進国の政府が行う経済援助。

☐ 民間でも，NGO（非政府組織）が国境を越えて医療，貧困対策，農業などの支援。

これからの国際社会

☐ 持続可能な開発目標（ 20 _____ ）：
国連で採択された，国際社会が 2030 年まで
に達成すべき 17 の目標。

☐ 21 _____ の安全保障：軍事力で国民を守るの
ではなく，一人ひとりの人権や生命を大切にする考え方。

> 持続可能な未来のための目
> 標で，「誰一人取り残さない」
> がスローガン。

歴史

P.113　第一次世界大戦と日本

01 第一次世界大戦　02 二十一か条　03 ロシア　04 原敬　05 ベルサイユ

06 三・一独立　07 五・四　08 国際連盟　09 日英同盟　10 大戦　11 ガンディー　12 全国水平

13 平塚らいてう　14 吉野作造　15 25　16 男子　17 治安維持

P.115　世界恐慌と日本の中国侵略

01 世界　02 満州　03 五・一五　04 国際連盟　05 二・二六　06 日中　07 国家総動員

08 第二次世界大戦　09 ニューディール（新規まき直し）　10 ブロック　11 ユダヤ　12 犬養毅　13 政党

P.117　第二次世界大戦と日本

01 第二次世界大戦　02 日独伊三国　03 日ソ中立　04 沖縄　05 ドイツ　06 広島　07 ソ連　08 長崎

09 ポツダム　10 真珠　11 集団疎開（学童疎開）　12 空襲

P.119　日本の民主化と冷戦

01 日本国　02 朝鮮　03 サンフランシスコ　04 55年　05 日ソ共同宣言　06 財閥　07 農地

08 20　09 国民　10 基本的人権　11 平和　12 象徴　13 吉田茂　14 大韓民国

15 朝鮮民主主義人民共和国　16 中華人民共和国　17 アメリカ　18 ソ連

P.121　新しい時代の日本と社会

01 日米安全保障（日米安保）　02 日韓基本　03 共同声明　04 石油危機（オイル・ショック）

05 ベルリン　06 ドイツ　07 東日本　08 高度経済成長　09 オリンピック・パラリンピック（オリンピック）

10 アメリカ　11 非核三　12 同時多発テロ（アメリカ同時多発テロ）　13 イラク

公民

P.123　現代社会の特徴

01 グローバル化　02 情報化　03 国際分業　04 AI　05 少子高齢化

06 リテラシー　07 高齢化　08 少子化　09 核家族　10 伝統文化　11 年中行事　12 節分　13 七五三

14 社会集団　15 合意　16 効率　17 公正　18 きまり

P.125　人権思想と日本国憲法

01 基本的人権　02 独立宣言　03 人権宣言　04 自由　05 社会　06 ロック　07 ルソー　08 天皇　09 国民

10 立憲主義　11 法　12 国民主権　13 基本的人権　14 平和主義　15 象徴　16 国事行為　17 9

18 日米安全保障（日米安保）　19 2／3　20 過半数

P.127 基本的人権の尊重(1)

01 永久　02 自由　03 社会　04 平等　05 個人　06 法の下　07 両性　08 男女雇用機会均等

09 精神（精神活動）　10 身体（生命・身体）　11 経済活動　12 生存　13 最低限度　14 教育を受ける

15 勤労　16 労働基本　17 団結

P.129 基本的人権の尊重(2)

01 参政　02 選挙　03 被選挙　04 国民審査　05 請求　06 裁判を受ける　07 公共の福祉　08 普通教育（教育）

09 納税　10 勤労　11 環境　12 知る　13 プライバシー　14 自己決定　15 国際人権規約

16 子ども（児童）の権利

P.131 民主政治と選挙，政党

01 民主政治　02 多数決　03 直接民主　04 間接民主　05 普通　06 秘密　07 平等　08 小選挙区

09 比例代表　10 一票の格差　11 政党　12 与党　13 野党　14 連立政権　15 マスメディア　16 世論

P.133 国会のしくみと仕事

01 国権　02 立法　03 二院（両院）制　04 衆議　05 参議　06 小選挙区　07 18　08 25　09 30　10 4

11 6　12 常会　13 臨時会　14 特別会　15 法律　16 予算　17 内閣総理大臣（首相）　18 委員会　19 本会議

20 衆議院の優越　21 2／3　22 衆議院

P.135 内閣のしくみと仕事

01 行政　02 内閣総理大臣（首相）　03 国務大臣　04 閣議　05 議院内閣制　06 国会

07 不信任（信任・不信任）　08 解散　09 国会議員　10 総辞職　11 法律　12 予算（案）　13 条約　14 政令

15 国事行為　16 公務員　17 行政改革　18 規制緩和

P.137 裁判所のしくみと仕事／三権分立

01 司法　02 司法権　03 最高　04 下級　05 民事裁判　06 原告　07 被告　08 刑事裁判　09 検察官

10 被疑者　11 被告人　12 三審制　13 上告　14 控訴　15 裁判員制度　16 三権分立

17 立法　18 違憲立法審査（違憲審査，法令審査）　19 行政　20 司法　21 憲法の番人

P.139 地方自治のしくみ

01 地方自治　02 地方公共団体　03 首長　04 条例　05 30　06 直接請求　07 1／50　08 1／50

09 選挙管理委員会　10 1／3　11 1／3　12 地方財政　13 地方税　14 地方交付税交付金　15 国庫支出金

16 地方債　17 住民投票　18 NPO

P.141 家計と価格

01 財（もの）　02 サービス　03 家計　04 所得　05 消費支出

06 貯蓄　07 希少　08 クレジットカード　09 契約　10 クーリング・オフ

11 PL　12 消費者契約　13 流通　14 卸売　15 小売

16 市場価格　17 需要　18 供給　19 均衡価格　20 上がる

21 独占（寡占）　22 公共料金　23 独占禁止

P.143 生産と企業・労働

01 分業　02 資本主義　03 技術革新　04 企業　05 私　06 公

07 中小　08 社会的責任　09 株式会社　10 株主　11 株式

12 配当　13 株主総会　14 労働基準　15 労働組合　16 労働関係調整

17 非正規　18 外国人　19 ワーク・ライフ・バランス

P.145 金融のしくみとはたらき

01 金融　02 間接　03 直接　04 利子　05 中央銀行　06 日本

07 発券　08 銀行　09 政府　10 金融政策　11 公開市場操作（オペレーション）

12 好景気　13 不景気　14 インフレーション　15 デフレーション

16 国内総生産

P.147 財政のはたらき

01 財政　02 所得　03 景気　04 サービス　05 歳入　06 歳出

07 所得　08 消費　09 社会保障　10 国債　11 税金　12 累進課税

13 直接税　14 間接税　15 国税　16 地方税　17 国　18 財政政策

19 減らす　20 増税　21 増やす　22 減税

P.149 国民生活の向上と福祉

01 社会保障　02 社会保険　03 公的扶助　04 社会福祉　05 公衆衛生　06 介護保険

07 公害　08 水俣病　09 イタイイタイ病　10 環境基本　11 循環型社会

12 為替　13 円高　14 円安　15 多国籍　16 空洞化

中3社会の解答

P.151-154 SOCIAL STUDIES ⊚ ANS.

P.151 国際社会のしくみ

01 主権国家　02 国際　03 領空　04 領土　05 領海

06 排他的経済水域　07 竹島　08 尖閣諸島　09 北方領土　10 国際連合（国連）

11 総会　12 安全保障理事会（安保理）　13 拒否　14 平和維持活動

15 地域主義　16 ヨーロッパ連合　17 ユーロ　18 ASEAN　19 APEC

20 発展途上国　21 南北問題　22 南南問題

P.153 国際社会の課題

01 地球温暖化　02 温室効果ガス　03 京都議定書　04 パリ　05 酸性

06 化石燃料　07 火力　08 原子力　09 再生可能　10 風力　11 太陽光

12 貧困　13 フェアトレード　14 冷戦（冷たい戦争）　15 地域紛争　16 難民

17 テロリズム（テロ）　18 核拡散防止（核兵器不拡散）　19 政府開発援助　20 SDGs　21 人間

THE
LOOSE-LEAF
STUDY GUIDE
3
FOR JHS STUDENTS

中3
国語
JAPANESE

A LOOSE-LEAF COLLECTION
FOR A COMPLETE REVIEW OF ALL 5 SUBJECTS
GAKKEN PLUS

学習内容

漢字	学習日	テスト日程
1　よく出る漢字の読み書き		

文法	学習日	テスト日程
2　紛らわしい品詞の分類 1		
3　紛らわしい品詞の分類 2		

詩歌	学習日	テスト日程
4　詩の鑑賞・俳句		

古典	学習日	テスト日程
5　和歌・おくのほそ道		
6　漢詩の基礎知識・論語		
7　文学史		

TO DO LIST

やることをリストにしよう! 重要度を☆で示し、できたら□に印をつけよう。

□ ☆☆☆　　　　　　　　　□ ☆☆☆

□ ☆☆☆　　　　　　　　　□ ☆☆☆

□ ☆☆☆　　　　　　　　　□ ☆☆☆

□ ☆☆☆　　　　　　　　　□ ☆☆☆

THEME 漢字 よく出る漢字の読み書き

☑ かきとり ☑ もうすこし ☑ ばっちり

よく出る漢字の読み

一字の漢字の読み

文例	漢字の読み
冷たいお茶で喉の渇きを癒す。	01 ［　　　］す
あらゆる問題を鋭い視点で読み解く。	するどい
初対面の相手なのに、自然と語が弾む。	02 ［　　　］む
気に入っているシャツの綻びを繕う。	つくろう
遠くかすむ景色をぼんやりと眺める。	03 ［　　　］める
折に触れて、過去を顧みるようにしたい。	かえりみる
この庭園は、落ち着いていて趣がある。	04
自分を戒める言葉を書き記す。	いましめる
貿易によって、文化がさらなる進化を遂げる。	05 ［　　　］げる
医学の研究に携わる人々に取材する。	たずさわる
製品の開発に伴う費用を計算する。	06 ［　　　］う

二字熟語の漢字の読み

文例	漢字の読み
リーダーが率先して規範を示す。	07
問題を解決するために奔走する。	ほんそう
日々の業務を着実に遂行する。	08
社会に貢献するために活動を続ける。	こうけん
有名なレストランの料理を満喫する。	09
会議を円滑に進行する工夫をする。	えんかつ
よく吟味して、靴と洋服を買う。	10
不朽の名作といわれる小説を読む。	ふきゅう
名匠が展覧会で新作を披露する。	11
前の部長の練習方法を踏襲する。	とうしゅう
正しいと思う根拠をはっきりと示す。	12

よく出る漢字の書き

一字の漢字の書き

文例	漢字の書き
□ 故郷に戻って、農業をいとなむ。	13 　　　む
□ 副会長が説明の足りないところをおぎなう。	補う
□ 自分のおさない頃の話を両親から聞く。	14 　　　い
□ 作品の完成までに多くの時間をついやす。	費やす
□ バイオリンのここちよい音色を楽しむ。	15 　　　い
□ 大きな荷物をロッカーにあずける。	預ける
□ 無理な相談をされて、返答にこまる。	16 　　　る
□ 緑豊かな土地でのどかにくらす。	暮らす
□ 災害にそなえるための資料を配布する。	17 　　　える
□ 静電気を使った面白い実験をこころみる。	試みる
□ スープを作るために、野菜を細かくきざむ。	18 　　　む

二字熟語の漢字の書き

文例	漢字の書き
□ デントウ工芸品を贈り物にする。	19
□ 海外旅行のオウフクの運賃を計算する。	往復
□ 最後まで部長としてのセキニンを果たす。	20
□ 誕生会にたくさんの友人をショウタイする。	招待
□ あらゆる芸術的な才能をハッキする。	21
□ 数々の課題をヨウイに解決する。	容易
□ 何度も説明したが、ナットクしてもらえない。	22
□ メンミツに計画を立てて実行する。	綿密
□ フクザツな仕組みの機械を分解する。	23
□ 姉は、天文学をセンモンに学んでいる。	専門
□ モーツァルトの交響曲をエンソウする。	24

THEME 文法 紛らわしい品詞の分類１

形が似ている自立語

「大きい」「大きな」

□ 大きい → 01 ＿＿詞：活用する自立語。「い」で言い切る、述語になる品詞。

例 今年の誕生日のケーキは、とても大きい(述語)。

「大きい」の活用のしかた

例 もっと、今年のは、大きかろう。【未然形】
例 今年のは、あまり大きくない。【連用形】
大きければ、うれしいのに。【仮定形】

ケーキは大きい。

大きなケーキ。

□ 大きな → 02 ＿＿詞：活用しない自立語。連体修飾語になる品詞。

例 大きな(連体修飾語)ケーキ(名詞)を、おいしそうに食べる。

「これ」「この」「こう」

□ これ → 03 ＿＿詞（代名詞）：活用しない自立語。「が」を付けて主語になる品詞。

例 これ(主語)が私の自信作です。

□ この → 04 ＿＿詞：活用しない自立語。連体修飾語になる品詞。

例 この(連体修飾語)作品(名詞)を、今回の最優秀賞とします。

□ こう → 05 ＿＿詞：活用しない自立語。主に連用修飾語になる品詞。

例 こう(連用修飾語)考える(動詞)と、彼の主張は理解できる。

同じ形の紛らわしい語（一）

「ない」

□ 06 形容詞：活用する自立語。「存在しない」という意味をもつ。

例 この惑星は、地球と違って水がない。

□ 補助形容詞（形式形容詞）：形容詞の種類の一つ。上の語と補助の関係になる。

例 この映画は、あまり面白くない。

> 上の語に打ち消し（否定）の意味を補助的に付け加えている。

□ 07 助動詞：活用する付属語。否定（打ち消し）の意味を付け加える。

例 疲れたので、今日はもう練習しない。

□ 08 形容詞の一部：一語の活用する自立語の一部。

例 生徒会の案に賛成する人が少ない。

「ない」の識別のしかた

文節の頭にくる
- 「存在しない」という意味を表す → 形容詞
  例 水がない。→ 水が存在しない。
- 「ない」の直前に「は」を補える → 補助形容詞
  例 面白くない。→ 面白くはない。

一文節に区切れない → 助動詞
例 今日はもう練習しない。

単語に区切れない → 形容詞の一部
例 人が少ない。 はかない夢。 限りない愛。

「ある」

□ 09 動詞：活用する自立語。「存在する」という意味をもつ。

例 幼い頃、この街を訪れた記憶がある。

□ 補助動詞（形式動詞）：動詞の種類の一つ。上の語と補助の関係になる。

例 古いポスターが壁に貼ってある。

□ 10 連体詞：活用しない自立語。人・事物などをぼかして言う語。

例 それは、三年前のある日の出来事だ。

THEME 文法 **紛らわしい品詞の分類2**

まとめ / しくみ / ばっちり

同じ形の紛らわしい語（2）

「で」

□ 01 助詞：活用しない付属語。「場所・手段」などを示す。
例 駅の改札口で待ち合わせをする。

□ 02 助詞：活用しない付属語。「て」が動詞の音便形に接続して濁ったもの。
例 まちがえて借りた本を、試しに読んでみる。

格助詞「で」と接続助詞「で」の見分け方

主に体言（名詞）に接続している → 格助詞「で」
例 改札口で待つ。／飛行機で行く。

動詞の音便形に接続している → 接続助詞「で」
例 読んでみる。／騒いでいる。

接続助詞の「で」は、文語の助詞に「ても」を補えるかどうかで見分けられることもある。

□ 03 詞の活用語尾：活用する自立語の一部。連用形活用語尾。
例 爽やかで明るい人だ。

□ 04 詞：活用する付属語。「断定」の意味を表す。「だ」の連用形。
例 得意な教科は国語で、苦手なのは数学だ。

「らしい」

□ 05 詞：活用する付属語。「推定」の意味を表す。
例 スポーツ万能の弟は、学校で人気者らしい。

推定の助動詞「らしい」は、「どうやら」を補えるかどうかで見分けられる。

□ 06 詞の一部：一語の活用する自立語の一部。「～にふさわしい」という意味の接尾語を伴って一語になった。
例 弟は、学校では人気者らしい態度でいる。

形容詞の一部の「らしい」は、「いかにも」を補えるかどうかで見分けられる。

意味・用法が紛らわしい語

助動詞「れる・られる」

□ 受け身 ：他から動作や作用を受けるという意味。

例 待ち合わせの時間に遅れて、友人に怒られる。

怒る

□ 07 ：「〜ことができる」という意味。

例 県内なら、五時までには届けられる。

怒られ｜れる｜る

□ 08 ：「自然と〜する」という意味。

例 去年の夏の約束が思い出される。

□ 09 ：動作主への敬意を表す。

例 小学校の同窓会で先生が話される。

> 自発の「れる・られる」は、「思う」「感じる」などの感情を表す動詞に使われることが多いよ。

助動詞「れる・られる」の意味の見分け方

「〜ことをされる」と言える ➡ 受け身　　「〜ことができる」と言える ➡ 可能

前に「自然に」を補える ➡ 自発　　「お〜になる」と言える ➡ 尊敬

格助詞「の」

□ 連体修飾語を示す ：体言を修飾する文節を示す。

例 全員の意見をまとめる。

> 終助詞「の」は、「話す」「聞く」などの意味を表す。文末につく「の」と区別しよう。

□ 部分の 10 ：文の中で、部分の主語を示す。

例 コスモスの咲く丘でハイキングを楽しむ。

□ 11 の関係：同類のものを対照的に並べる。

例 行くの行かないのと、いつまでも迷っている。

□ 12 の代用：「こと」「もの」などの名詞の代わりになる。

例 自分が好きなのを選んでよい。

格助詞「の」の用法の見分け方

「体言＋の＋体言」の形 ➡ 連体修飾語　　「が」に言い換えられる ➡ 部分の主語

「〜の〜の」の形 ➡ 並立の関係　　「こと」「もの」に言い換えられる ➡ 体言の代用

THEME 詩歌 詩の鑑賞・俳句

まとめ　ちらい　ばっちり

詩の種類

言葉による分類

□ 文語詩 ：文語（歴史的仮名遣いをもとにした書き言葉）で書かれた詩。

□ 01_____ ：口語（現代語）で書かれた詩。

> 歴史的仮名遣いというのは、古典で用いられている仮名遣いのことだよ。

形式による分類

形式	特徴
02	音数や行数にきまりのある伝統的な詩。
03	音数や行数にとらわれず、自由な形式で作られた詩。
散文詩	散文（＝通常の文章）形式で書かれた詩。

> 詩の種類は、言葉による分類と形式による分類を組み合わせてとらえよう。口語自由詩・文語定型詩というようにね。

詩の表現技法

詩の主な表現技法

□ 直喩（明喩）：「（まるで）〜ようだ」など を用いてたとえる。
例 水のようなほほえみ

□ 隠喩（暗喩）：「（まるで）〜ようだ」など を用いずに直接たとえる。
例 歌声は天使のささやき

□ 擬人法：人以外のものを人に見立ててたとえる。
例 木々の葉が騒いでいる

□ 倒置：普通とは逆の語順にして強調する。
例 走れ／夢がかなうまで

□ 04_____ ：似た表現や同じ言葉を繰り返して強調する。
例 風が吹く／風が吹く

□ 05_____ ：対応する語句を並べる。
例 空は青く／雲は白い

詩での実例

道程　高村光太郎

僕の前に道はない
僕の後ろに道は出来る 〕対句

ああ、自然よ
父よ
僕を一人立ちにさせた広大な父よ
僕から目を離さないで守る事をせよ
常に父の気魄を僕に充たせよ
この遠い道程のため
この遠い道程のため 〕反復

『高村光太郎詩集』
（思潮社）より

言葉・形式 ➡ 06_____ 詩

俳句

□ 俳句：五・七・五の三句〔07＿＿＿〕音によって、情景、作者の感動や心情を表現した定型詩。

> 俳句は、世界で最も短い定型詩だよ。

初句 二句 結句

例 いくたびも 雪の深さを 尋ねけり 正岡子規
　　五音　　　七音　　　五音

> 明治時代に「俳句」の革新運動を進めたのは、歌人でもあった正岡子規さんだったよ。

□ 字余り・字足らず：五・七・五より音数の多いものを〔08＿＿＿＿〕、少ないものを〔09＿＿＿＿〕という。

例 赤い椿白い椿と落ちにけり 河東碧梧桐

> 初句の「赤い椿」が六音になっているよ。

俳句の主な表現技法

□ 〔10＿＿＿＿〕：季節を表す言葉。「季題」ともいう。

例 春風や闘志いだきて丘に立つ 高浜虚子 ➡ 春の季語
　 雀らも海かけて飛べ吹流し 石田波郷 ➡ 夏の季語
　 赤とんぼ筑波に雲もなかりけり 正岡子規 ➡ 〔11＿〕の季語
　 海に出て木枯帰るところなし 山口誓子 ➡ 〔12＿〕の季語

> ⚠ 季語と季節
> 季語の季節は、旧暦によっているので、現代と異なる。
> 春 ➡ 一〜三月　夏 ➡ 四〜六月　秋 ➡ 七〜九月　冬 ➡ 十〜十二月

□ 〔13＿＿＿〕：意味の切れ目を表す言葉。感動や強調を示す。「や・かな・けり」が代表的。

例 万緑の中や吾子の歯生え初むる 中村草田男

□ 自由律俳句：五・七・五、十七音の定型から外れ、季語もない自由な俳句。

例 分け入っても分け入っても青い山 種田山頭火
　 咳をしても一人 尾崎放哉

> 定型に従った俳句を「有季定型」、季語のない俳句を「無季俳句」というよ。

THEME 古典 和歌・おくのほそ道

和歌の特徴

和歌の形式

主な形式	音数
長歌	五・七・五・七……と続き、最後は五・七・七で終わる。
01	五・七・五・七・七の、五句三十一音。
旋頭歌	五・七・七・五・七・七の六句三十八音。
仏足石歌	五・七・五・七・七・七の六句三十八音。

> 和歌の形式は、短歌が主流だよ。

句切れ

句切れ：一首の中で意味が切れる部分。

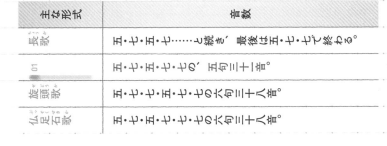

句切れの例

二句切れ(五七調)
人はいさ心も知らず／ふるさとは花ぞ昔の香ににほひける

三句切れ(七五調)
見わたせば花も紅葉もなかりけり／浦の苫屋の秋の夕暮

主な和歌の表現技法

> 枕詞は和歌を現代語訳する場合、普通は訳さないことも。

02 _____：ある特定の語を導き出す、通常は五音の決まった言葉。

例 たらちねの → 「母」を導く　ひさかたの → 「光」「日」「空」を導く

序詞：ある言葉や句を導き出す、六音以上の言葉。あとにくる言葉・句は決まっていない。

例 多摩川にさらす手作り さらさらに 何そこの児のここだ愛しき

> 「さらす手作り」が「さらさらに(=いよいよ)」を導いている。

03 _____：一つの言葉に、同音の複数の言葉の意味をもたせる技法。

例 花の色は移りにけりないたづらにわが身世に ふる ながめ せしまに

> 「ふる」は「降る」・「経る」、「ながめ」は「長雨」・「眺め」の掛詞になっている。

04 _____：一首の中に、関係の深い言葉を意識的に詠み込む技法。

例 玉の緒よ絶えなば絶えねながらへば忍ぶることの弱りもぞする

> 縁語。「たえ」「ながらへ」「弱り」は、全て「緒」の縁語である。

THEME 和歌・おくのほそ道

『おくのほそ道』

□ おくのほそ道…〔05〕　時代に、俳人である松尾芭蕉が書き著した紀行文。江戸を出発し、関東から東北・北陸地方を巡った旅の記録を、俳句を交えてつづったもの。

> 松尾芭蕉とは
> 江戸時代前期の俳人。高い芸術性をもった作風「蕉風」を確立した。
> また、旅を好み、紀行文を多く残している。代表的な紀行文には、
> 『おくのほそ道』『野ざらし紀行』『笈の小文』がある。

（俳句は、江戸時代には「俳諧」とよばれていたよ。）

『おくのほそ道』の俳句

□ 草の戸も住み替はる代ぞ雛の家　季語…雛　→〔06〕　の季語
□ 夏草や兵どもが夢の跡　季語…〔07〕　→夏の季語
□ 五月雨をあつめて早し最上川　季語…五月雨　→〔08〕　の季語
□ 荒海や佐渡によこたふ天河　季語…〔09〕　→秋の季語

（天河といえば、秋の季語。天文では、七~九月が秋にあたるんだね。「秋」だったね。）

『おくのほそ道』の冒頭

原文

月日は百代の過客にして、行きかふ年もまた旅人なり。舟の上に生涯を浮かべ、馬の口とらへて老いを迎ふる者は、日々旅にして旅をすみかとす。古人も多く旅に死せるあり。

現代語訳

月日は永遠に旅を続ける旅人（のようなもの）であって、めぐり移る年もまた旅人（のようなもの）である。舟の上に一生を浮かべる（ように暮らす船頭や）、馬のくつわをつかんで老年を迎える（馬子のような）者は、一日一日が旅であり旅そのものを自らのすみかとするのである。（詩歌の道を究めた）いにしえの人々も多くは旅に死んでいったのである。

（「古人」とは、西行や宗祇などの日本の詩人や李白や杜甫などの中国の詩人たちのことだよ。）

THEME 古典 **漢詩の基礎知識・論語**

漢詩

□ 漢詩…中国の昔の詩。一般に、唐の時代以降の、字数や句数に制限がある定型詩を指す。

□ 漢詩の形式

形式	字数と句数（行数）
五言絶句	一句が五字からなる四行詩
01	一句が五字からなる八行詩
02	一句が七字からなる四行詩
03	一句が七字からなる八行詩

（絶句は、四句が「起・承・転・結」の構成になっているよ。）

（律詩は、四句から八句までまとまりになっていて、「起・承・転・結」を延長する。）

□ 漢詩の技法

□ 04 ＿＿＿：用語・構造が互いに類似した句を並べて、詩のイメージを豊かにする技法。

対句の形式
句全体も、句の中の各語も互いに対応することが多い。

例
江 ←→ 碧 ←→ 鳥 ←→ 逾 白　（江は碧にして鳥は逾よ白く）
山 ←→ 青 ←→ 花 ←→ 欲 然　（山は青くして花は然えんと欲す）
地形　色彩　風物　色彩

□ 05 ＿＿＿：特定の句の末尾を同じ響きの音（韻）でそろえるきまり。「韻を踏む」ともいう。

例　絶句　杜甫

江 碧 鳥 逾 白
山 青 花 欲 然（nen）
今 春 看 又 過
何 日 是 帰 年（nen）

➡ 五言絶句は、二句と四句の末尾に押韻。

「論語」

□ 論語…中国の春秋時代末期に成立したといわれる。思想家である[06]の教えを、死後に弟子たちが言行録としてまとめたもの。

> 孔子とは
> 儒家の始祖。弟子たちとともに諸国を旅して理想の政治を説いて回る。
> 孔子の思想は、その死後に「儒教」と呼ばれ、人間の生き方や道徳の基本となるものとして、広く受け継がれた。

「論語」の内容

孔子の思想である「[07]（深い思いやり）」と「[08]（社会的な作法やきまり）」など、人としての生き方が説かれている。

「論語」から生まれた故事成語

□ [09]…昔の物事を研究し（温故）、そこから新しい知識を得る（知新）こと。
□ 敬遠…表面上は敬うふりをして、実際には遠ざけて関わらないこと。
□ [10]…四十歳を指す。道理をわきまえ、損得などで判断を誤らなくなる年齢。

「論語」の一節 ―「学びて時に之を習ふ」

訓読文

子曰、「学而時習之、不亦説乎。有朋自遠方来、不亦楽乎。人不知而不慍、不亦君子乎。」

書き下し文

子曰はく、「学びて時に之を習ふ、亦説ばしからずや。朋遠方より来る有り、亦楽しからずや。人知らずして慍みず、亦君子ならずや。」と。

現代語訳

先生がおっしゃるには、「学んだことを繰り返し復習するのは、なんとうれしいことではないか。友人が遠くから訪ねてきて（学問について語り合うのは）、なんと楽しいことではないか。世間の人々が自分のことを理解してくれなくても不満をもたないというのは、それこそ君子ではないか」と。

> 「君子」とは、「徳を積んだ人格者」のこと。「徳」とは、人間としてすぐれた品性のことだよ。

THEME 古典 文学史

CHECK! ☑ ☑ ☑

三大和歌集

□ 万葉集

成立年代	01 ＿＿＿時代後期
撰者	02 ＿＿＿といわれる。
特色	現存する日本最古の歌集。
歌風	五七調が多く、素朴で力強い。（＝「ますらをぶり」）
主な歌人	額田王・柿本人麻呂・山上憶良

□ 古今和歌集

成立年代	03 ＿＿＿時代前期
撰者	04 ＿＿＿・紀友則・凡河内躬恒・壬生忠岑
特色	醍醐天皇の命によって作られた最初の勅撰和歌集。
歌風	七五調が多く、優美で繊細。（＝「たをやめぶり」）
主な歌人	在原業平・小野小町・僧正遍昭

□ 新古今和歌集

成立年代	05 ＿＿＿時代前期
撰者	05 ＿＿＿・藤原有家・源通具・藤原家隆・藤原雅経・寂蓮法師
特色	後鳥羽上皇の命によって作られた八番目の勅撰和歌集。
歌風	七五調が多く、感覚的で象徴的。余情・幽玄の境地を重んじる。
主な歌人	西行法師・式子内親王・藤原俊成

> 「幽玄」というのは、余情があり、味わいが深いということだよ。

三大随筆

□ 枕草子

成立年代	07 ＿＿＿時代中期
作者	08 ＿＿＿
特色	鋭い感覚と知的で冷静な態度で、日常生活や自然の様子を見つめ、その中に趣深い面白みを見いだす「をかし」の精神が基調。

□ 方丈記

成立年代	09 ＿＿＿時代前期
作者	10 ＿＿＿
特色	隠遁生活を送った作者が、俗世の生きにくさを無常観によって描いている。

> 「無常観」というのは「全てのものは移りかわり、人生ははかないものだ」とする仏教の考え方だよ。

□ 徒然草

成立年代	11 ＿＿＿時代末期
作者	12 ＿＿＿
特色	深い教養と鋭い観察眼に裏付けられた批評精神と無常観によってつづられた、理性的な文章。

代表的な物語

☐ **竹取物語**（たけとりものがたり）

成立年代	13＿＿＿＿ 時代初期
作者	不明
特色	日本で最も古い伝奇物語。「物語の出で来はじめの祖」といわれる。後の物語文学に大きな影響を与えた。「かぐや姫」の物語として知られている。

> 「伝奇物語」というのは、伝説などを素材にして作られた物語のことだよ。

☐ **伊勢物語**（いせものがたり）

成立年代	14＿＿＿＿ 時代初期
作者	不明
特色	主人公である「男」のさまざまな恋愛を、短い文章と、その登場人物によって詠まれた和歌によってつづっている歌物語。「男」は、『古今和歌集』の歌人の一人である在原業平がモデルであるといわれている。「竹取物語」と並び、後の物語文学に大きな影響を与えた。

> 「歌物語」というのは、散文と和歌を組み合わせた物語のことだよ。

☐ **源氏物語**（げんじものがたり）

成立年代	15＿＿＿＿ 時代中期
作者	16＿＿＿＿
特色	物語文学の最高峰とされ、それまでの伝奇物語と歌物語の伝統を受け継ぎ発展させた。また、これ以降の物語文学をはじめ、さまざまな文学作品に多大な影響を与えた。主人公である光源氏の華やかな一生を中心にした、全部で五十四帖からなる長編物語。

☐ **平家物語**（へいけものがたり）

成立年代	不明。鎌倉時代の前期に原形ができたといわれる。
作者	未詳。信濃前司行長という説がある。
特色	平安時代末期の平家と源氏の合戦を中心に描いた17＿＿＿＿物語。琵琶法師による語り物として広まった。

P.161　よく出る漢字の読み書き

01 かわ（き）　02 はず（む）　03 なが（める）　04 おもむき　05 と（げる）　06 ともな（う）　07 きはん

08 すいこう　09 まんきつ　10 ぎんみ　11 ひろう　12 こんきょ

13 営（む）　14 幼（い）　15 快（い）　16 困（る）　17 備（える）　18 刻（む）　19 伝統　20 責任

21 発揮　22 納得　23 複雑　24 演奏

P.163　紛らわしい品詞の分類1

01 形容　02 連体　03 名　04 連体　05 副　06 形容　07 助動　08 形容　09 動　10 連体

P.165　紛らわしい品詞の分類2

01 格　02 接続　03 形容動　04 助動　05 助動　06 形容　07 可能　08 自発　09 尊敬　10 主語　11 並立

12 体言（名詞）

P.167　詩の鑑賞・俳句

01 口語詩　02 定型詩　03 自由詩　04 反復　05 対句　06 口語自由　07 十七　08 字余り　09 字足らず

10 季語　11 秋　12 冬　13 切れ字

P.169　和歌・おくのほそ道

01 短歌　02 枕詞　03 掛詞　04 縁語　05 江戸　06 春　07 夏草　08 夏　09 天河

P.171　漢詩の基礎知識・論語

01 五言律詩　02 七言絶句　03 七言律詩　04 対句　05 押韻　06 孔子　07 仁　08 礼　09 温故知新

10 不惑

P.173　文学史

01 奈良　02 大伴家持　03 平安　04 紀貫之　05 鎌倉　06 藤原定家　07 平安　08 清少納言　09 鎌倉

10 鴨長明　11 鎌倉　12 兼好法師（吉田兼好）　13 平安　14 平安　15 平安　16 紫式部　17 軍記